Das Kinderfestebuch

Christiane Kutik

Anregungen, Spiele, Lieder
Bastel- und Rezeptvorschläge zur Gestaltung
von Kinder- und Geburtstagsfesten

*Illustriert von
Stephanie Wagner*

Verlag Freies Geistesleben

ISBN 978-3-7725-1537-8

4. Auflage 2010

Verlag Freies Geistesleben
Landhausstraße 82, 70190 Stuttgart
Internet: www.geistesleben.com

Alle Rechte, insbesondere das Recht der Vervielfältigung sowie der Übersetzung, vorbehalten. Kein Teil des Werkes darf in irgendeiner Form (durch Fotokopie, Mikrofilm oder ein anderes Verfahren) ohne schriftliche Genehmigung des Verlages reproduziert oder unter Verwendung elektronischer Systeme verarbeitet, vervielfältigt oder verbreitet werden.

© 1995 Verlag Freies Geistesleben & Urachhaus GmbH, Stuttgart
Layout: Christiane Kutik / Einband: Stephanie Wagner
Druck: Stürtz GmbH, Würzburg

Inhalt

FESTE FEIERN HEUTE 9

GEBURTSTAG 13

Der Geburtstag 14
Mein Stern 14
Geburtstagskrone 16
Messlatte 17
Ich freu mich schon so 18
Der Geburtstagsmorgen 19

Das Geburtstagskind ist krank 21

Erster bis zwölfter Geburtstag 24
Der erste Geburtstag 24
Der zweite Geburtstag 25
Der dritte Geburtstag 29
Der vierte bis zwölfte Geburtstag 31
Ältere Kinder feiern Geburtstag 32

FESTE PLANEN
UND VORBEREITEN 33

Ein Kinderfest planen 34

Festeinladung 40

Einladungskarten 42
Aus Kinderbildern werden
festliche Karten 43
Selbst gestaltete Einladungskarten
in verschiedenen Techniken 44

Feste vorbereiten 46
Festlicher Schmuck aus der Natur 48
Festschmuck für Eingang
und Wohnung 50
Schmuck für die festliche Tafel 53
Platzzeiger 54

Speisen 56
Auswahl der Rezepte 56
Festlich angerichtetes Gebäck 57

Rezepte für den Festtag 61

GESCHENKE 71

Geburtstagswünsche 72

Vom Land der Wünsche 74

Vom Schenken 75

Bedeutung der Alterssymbole bei den Spielen:

4 bis 6 Jahre

7 bis 9 Jahre

10 bis 12 Jahre

Geschenkideen zum Selbermachen 78
Gebackener Sternzeichentaler 79
Geburtstagsbaum 80
Glückwunschstab 81
Blumenkerzen 81
Schwimmende Kerzen 82
Selbst gezogene Pflanzen 83
Für Kaufladen und Puppen 84
Fensterhänger 85
Holzbild 86
Wichtel 86
Etwas zum Naschen 87
Überraschungsstrauß 88
Düfte und Kräuter 89
Potpourris 91

Geschenke verpacken 93
Geschenkpapier selbst gemacht 94
Kleine Tragetüten 96
Ein Herz zum Verschenken 97
Geschenkbänder 97
Rosen aus Seidenpapier 98

FESTE MIT KINDERN 99

Der Festtag 100
Bevor die Gäste kommen 101

Erste Spiele bis alle da sind 102

Alle Gäste sind da 104

Spiellieder zum Festbeginn 105

Anfangsspiele für ältere Kinder 112

Spiele zum Kennenlernen 112

Pause 115

Festtafel 116
Hoch sollst du leben 117
Spiele 117
Heim woll'n wir gehn 119
Das Fest ist zu Ende 120

SPIELE NICHT NUR FÜR FESTE .. 121

Miteinander spielen 122
Gewinnspiele 123
Spielen nur in Festtagslaune? 124
Spiele ohne Sieger 125

Beim Spielen 126
Was macht sie jetzt? 126
Keine Patentrezepte 127
Nein, aber nein 128
Aus Vaters Hosentasche 129
Das trotzige Hänschen 130
Annehmen und verwandeln 131
Ich mach nicht mehr mit 131

Auflockerungsspiele 132
Tomatensalat 133
Ziehharmonika 134
Wir fahren nach Amerika 135

Bedeutung der Alterssymbole bei den Spielen:

4 bis 6 Jahre   7 bis 9 Jahre   10 bis 12 Jahre

Auswiegen 136
Luftballonspiel 136

Wortspiele 137
Zungenbrecher 137
Wer weiß, was das ist? 138
Wortverdreher 138

Scherzfragen 139

Spiele für drinnen 141
Kreisspiele 141
Auszähler 143
In rätselhafter Runde 150
Blindekuhspiele 152
Pfänderspiele 154
Ratespiele 161
Rätsel 167
Tischspiele 169

Stegreifspiele 170
Verkleidungskiste 170
Spielen wir Scharade? 171
Wortscharaden 173
Stegreiftheater 174

Spiele für draußen 177
Kreisspiele 179
Laufspiele 183
Fangspiele 185
Seilspiele 187
Tauziehen 189

Ballspiele 191
Spiele mit Naturmaterial 194
Wettspiele 196
Staffellaufen 198

Abschlussspiele 200
Puppenspiel 200
Märchenerzählen 201
Abschlussgeschichten 202
Das Riesenpaket 203

Der Zauberer kommt 204
Zauberkunststücke 208

KINDERFESTE MIT MOTTO 213

Backfest 214
Zirkusfest 219
Regenfest 237
Bastelfest 247

ANHANG

Auflösungen zu Ratespielen, Scherzfragen,
Rätseln und Zaubertricks 272

Anmerkungen / Quellenangaben /
Literaturhinweise 275

Register 276

Bedeutung der Alterssymbole bei den Spielen:

4 bis 6 Jahre

7 bis 9 Jahre

10 bis 12 Jahre

Feste feiern heute

Feste feiern heute

Wo Kinder sind, gibt es immer und überall Gelegenheit, Feste zu feiern: zu Hause, in Spielgruppen, Kindergärten, Schulen oder Heimen. Sowie es heißt: «Bald gibt es ein Fest» kommt neuer Schwung in den Alltag. Für Kinder ist es ein besonderes Erlebnis, wenn Mütter, Väter oder Erzieher mit ihnen ein Fest vorbereiten und feiern. Nicht nur der Festtag selbst ist ihnen wichtig, sondern auch die Zeit davor, wenn gebastelt, gebacken und geschmückt wird. Das Erwarten des Festtages hat für Kinder oft einen ganz besonderen Reiz: «Vorher ist eigentlich das Schönste», so meinte ein Kind am Tag vor dem Fest, «weil heute, da kann ich mich noch so auf morgen freuen, aber morgen ist es dann schon da.»

Anlässe zum Feiern

Möglichkeiten, mit Kindern zu feiern, gibt es durch das ganze Jahr hindurch. Neben den Festen des Jahreskreises, wie sie bereits im «Jahreszeitenbuch» ausführlich behandelt wurden, geht es hier im «Kinderfestebuch» um die vielen weiteren Gelegenheiten, Feste zu gestalten und in fröhlicher Runde zusammenzukommen. An erster Stelle steht da vor allem der Geburtstag. Dieser persönliche Ehrentag ist heute hauptsächlich Anlass für ein Kinderfest. Weitere Gelegenheiten zum Feiern sind z. B. Familienfeste, Feste in Spielgruppen und anderen pädagogischen Einrichtungen, Einstands- oder Abschiedsfeste.

Viele Feste feiern

Wie wichtig es für Kinder ist, Feste zu erleben, dies empfand auch der Dichter Matthias Claudius. Er feierte viel und gerne. So ersann er noch allerlei Festgelegenheiten, die nicht durch den Kalender gegeben sind, um den Alltag seiner Familie immer wieder aufzulockern. Da gab es z.B. Bratäpfel-, Kartoffel- oder Eiszäpfelfeste. Das Schönste bei all diesen Festen war, dass man viele lustige Spiele spielte. Gemeinsames Spielen gehörte unbedingt zu einem Kinderfest.

Spiele gehören zu einem Kinderfest

Dies hat sich bis heute nicht geändert. Der Wunsch, miteinander zu spielen steht bei einem Kinderfest immer noch vornan. Natürlich mögen die Kinder auch alles andere, was ein Fest begleiten und angenehm machen kann: festliche Dekoration, einen schön gedeckten Tisch, besondere Speisen und Getränke, etc. Da sie aber nicht allzu viel Ausdauer haben, bei der festlichen Tafel zu sitzen, regt sich in ihnen meistens recht bald die Lust zur Bewegung. Oft warten sie ungeduldig auf ein Programm mit verschiedenen Angeboten zum Mitmachen, und darauf freuen sie sich.

Warum selbst ein Fest gestalten?

Ein Kinderfest mit altersgerecht zusammengestellten Aktivitäten kann Kindern das bieten, was ihnen sonst im Alltag abgeht: sich gemeinsam mit Freunden und Kameraden zusammenzufinden, in Aktion zu kommen, miteinander zu spielen und dabei verschiedene Fertigkeiten zu erproben: Schnelligkeit, Geschicklichkeit oder Balance, etwas erfinden, erraten oder die eigene Phantasie in Bewegung setzen.

Wichtig ist vor allem, dass es viele zeitgemäße Spiele gibt, wie sie für das «Kinderfestebuch» bei vielen Kindergesellschaften und Festen reichlich erprobt und zusammengestellt wurden. Spiele können das ganze Fest begleiten, vom Anfang bis zum Ende. Sie sind die Grundlage, damit Stimmung aufkommt, unabhängig davon, ob drinnen gefeiert wird oder draußen.

Ein Kinderfest mit vielen Aktivitäten zum Mitmachen kann eine Spielkultur wiederbeleben, wie es sie in unserer Zeit immer weniger gibt. Die derzeitigen Wohn- und Lebensverhältnisse sowie auch die Beschäftigungsangebote technischer Medien tragen dazu bei, dass die Freizeitgestaltung der Kinder heute überwiegend unkindlich und bewegungsarm ist. Nachmittags wird oft nur zu Hause gesessen. Kinderspiele werden im allgemeinen immer seltener gespielt. So kann Kinderfesten in unserer Zeit ein besonderer Stellenwert zukommen, den viele Erwachsene ganz bewusst aufgreifen wollen.

Erwachsene als Begleiter

Kinderfeste sind etwa bis zum 12. Lebensjahr heiß geliebt. Sogar die Mitwirkung von Erwachsenen, die sonst meist als unnötig empfunden wird, ist dabei durchaus erwünscht. Mütter, Väter, Erzieher oder Lehrer, die Freude am Feiern haben, sind willkommene Begleiter, Spielleiter und vor allem auch Mitspieler. Vielen Kindern geht es da so, wie Lisa aus Bullerbü («Die Kinder aus Bullerbü» / Astrid Lindgren), die einmal sagte: «Es macht sehr viel Spaß, wenn die Mütter und Väter bei dem Fest dabei sind und mitspielen. Ja, es kann natürlich sein, dass es lange nicht so viel Spaß machen würde, wenn man jeden Tag mit ihnen spielen müsste. Aber so manchmal, finde ich, dürfen sie schon mal mitspielen.»

Mitspielen mit den Kindern – das ist einfacher gesagt, als getan. Viele Eltern kennen das: Jedes Mal, wenn wieder ein Anlass für ein Kinderfest gegeben ist, tauchen die gleichen Fragen auf, die man vorher klären muss: «Feiert man im kleinen Kreis oder in großer Runde? Wie lässt sich ein Fest planen? Wie kann man mit mehr oder weniger Aufwand Einladungskarten, festlichen Schmuck oder verschiedene Speisen vorbereiten? Welche Spiele eignen sich für das Alter, bzw. die Anzahl der geladenen Gäste?

Das Kinderfestebuch

Das Kinderfestebuch richtet sich an alle, die gerne feiern. Es bietet eine einmalige Fülle von Anregungen, Bastelvorschlägen, Rezepten, Tipps, Spielen, Liedern und Hinweisen für eine Vielzahl unterschiedlichster Feste. Es ist ein echtes Nachschlagewerk, in dem jeder, der ein Fest feiern möchte, nach seinen Bedürfnissen etwas heraussuchen kann. Auch wer sich noch niemals daran gewagt hat, selbst ein Fest zu gestalten oder wer Kinderfeste bisher nur als Chaos erlebt hat, dem wird hier Mut gemacht, es doch einmal selbst zu versuchen.

Geburtstag

Der Geburtstag

Der eigene Geburtstag ist ein wichtiger Höhepunkt im Jahreslauf. In welchen Monat er fällt, das ist für die Kinder nicht so bedeutend. «Wichtig ist, dass man überhaupt geboren wurde, weil sonst wäre man ja gar nicht auf der Welt», so die Feststellung eines Siebenjährigen.

Der Geburtstag wird meist sehnsüchtig erwartet. Wie lange dauert es noch? Wann ist endlich Geburtstag? Da werden die Wochen gezählt und dann die Tage, bis es so weit ist.

Wenn endlich der Vorabend da ist und es heißt: «Nur noch einmal schlafen», ist es Zeit für eine Geburtstagsgeschichte.

Mein Stern

Es war immer etwas Besonderes, wenn der Vater eine Geschichte erzählte, denn das kam nur sehr selten vor. Amelie liebte diese Abende, wenn der Vater rechtzeitig daheim war und sich dann zu ihr an die Bettkante setzte. Sie hörte ihm gerne zu.

Am Vorabend ihres Geburtstages war der Vater immer da, denn: «die Nacht vor dem Geburtstag», so sagte er, «ist eine ganz besondere, da kann man nicht einfach so einschlafen, ohne Geschichte – oder?» – Amelie bestätigte das heftig und der Vater begann

zu erzählen. Seine Geburtstagsgeschichte fing jedes Mal auf die gleiche Weise an und trotzdem fragte er immer wieder:

«Kennst du das Märchen von dem weisen Hirtenbüblein?» – «Erzähl' noch mal!», bat Amelie, und wieder erzählte der Vater von dem Hirtenbüblein, das weit und breit berühmt war, weil es auf alle Fragen, die man ihm stellte, weise Antworten geben konnte: «Die Kunde von dem weisen Büblein», so sagte der Vater, «war sogar bis zum König gedrungen. Der ließ den Knaben ins Schloss rufen, um seine Weisheit zu prüfen, und so fragte er: ‹Wie viele Sterne stehen am Himmel?›»

Der Vater schaute Amelie an: «Erinnerst du dich? – Weißt du noch, was nun geschah?» Und ohne eine Antwort abzuwarten, fuhr er fort. «Nun, das Hirtenbüblein ließ sich einen großen Bogen weißes Papier geben, und darauf machte es mit der Feder so viele feine Punkte, dass einem die Augen vergingen, wenn man darauf blickte. Zum König sagte es: ‹Am Himmel gibt es so viele Sterne, als hier Punkte auf dem Papier.›»

– «Und wie viele Sterne gibt es wirklich?», wollte Amelie wissen. – Der Vater überlegte einen Augenblick: «Weißt du, dass ich früher, als ich so klein war wie du, genauso gefragt habe? – Und meine Eltern, die wussten das natürlich auch nicht – nicht mal meine Großmutter konnte mir das sagen, obwohl sie mir sonst immer so gerne von den Sternen erzählte. Wenn ich bei ihr zu Besuch war, und es gab eine sternklare Nacht, dann ging sie oft mit mir hinaus vor die Tür und zeigte mir die Sterne. Sie kannte auch viele Sternengeschichten. – Einmal hat sie mir etwas erzählt, das habe ich nie vergessen.» – «Was war es denn? Was hat sie gesagt?», forschte Amelie. – «‹Jeder Mensch›, so sagte meine Großmutter, ‹jeder Mensch hat einen Stern, einen eigenen Stern, ganz für sich. Der Stern begleitet uns immer, wenn wir hier auf der Erde sind, aber auch schon vorher, bevor wir geboren werden, leuchtet er uns.›» – Der Vater hielt inne und schaute Amelie an. – «Erzähl weiter», sagte sie. «Stell dir nur vor», sagte der Vater, «unter den vielen, vielen Sternen oben am Himmelszelt, leuchtet für jeden ein Stern. Und wenn jemand Geburtstag hat, dann funkelt er natürlich ganz besonders hell. So wie damals, vor sechs Jahren.»

Der Vater lächelte, dann fuhr er fort: «Damals ist etwas ganz Besonderes geschehen! Da ist ein kleines Baby auf die Welt gekommen. Es hatte sich schon eine ganze Weile vorher angemeldet, und so war schon alles für seinen Empfang vorbereitet. Ein Baby braucht ja allerhand Dinge, das weißt du: Kleine Strampelhöschen, winzige Hemdchen, Jäckchen … natürlich auch Windeln … und eine Wiege. Also alles war schon ganz sorgsam gerichtet, als das Baby ankam. Es war ein wunderschönes Baby.»

Amelie strahlte. «Wie groß war das?», wollte sie wissen. «Und wie sah es aus?» Es gefiel Amelie, von dem kleinen Baby zu hören. Wie liebevoll der Vater von ihm erzählte. Schließlich sagte er: «Das Baby ist natürlich gewachsen und immer größer geworden. Er zwinkerte mit den Augen und schaute Amelie an. «Jetzt ist es schon ein großes Mädchen. Ja, und stell dir vor, morgen wird es wieder Geburtstag haben.»

Sobald das Geburtstagskind zur Nacht verabschiedet ist, haben die Mutter, der Vater, die Geschwister noch einige Überraschungen vorzubereiten. In vielen Familien hat es sich bewährt, den Frühstückstisch so weit wie möglich schon am Vorabend zu decken, so muss es dann morgens nicht so eilig zugehen wie sonst, und es bleibt mehr Zeit zum Feiern. Ein festlicher Tisch mit Blumen, Kerzen, Blüten- oder Blätterranken ist für die ganze Familie eine Freude.

Soweit es nicht schon geschehen ist, werden nun noch die Geschenke verpackt. Die Torte wird fertig geschmückt und mit Kerzen verziert, und vielleicht entsteht noch eine Geburtstagskrone. Ein solcher Kopfschmuck ist schnell gemacht und für jedes Geburtstagskind ist es eine Riesenfreude, wenn es gleich in der Früh' zu seinem Ehrentag «gekrönt» wird.

Geburtstagskrone aus Papier

Aus Gold- oder Tonpapier einen Streifen (8/60 cm) vorbereiten, Zacken einschneiden und zu einer Krone schließen. Diese kann nun mit Gänseblümchen oder Margeriten geschmückt werden, indem man mit Hilfe einer Stopfnadel Löcher in das Goldpapier sticht, die Blumenstengel durchzieht, umknickt und mit Klebefilm festklebt.

Geburtstagskrone aus Blättern

Aus Ton- oder Goldpapier einen Streifen (6/60 – 65 cm) zurechtschneiden, den Streifen der Längsseite nach knicken. Gepresste Herbstblätter an der Unterseite geradeschneiden, nebeneinander in den gefalteten Papierstreifen stecken und mit Alleskleber oder Klebefilm festkleben. Das Papier entsprechend der Kopfgröße zu einem Ring schließen und mit einer Büroklammer oder mit Klebefilm fixieren.

So viel bist du gewachsen

Eine willkommene Überraschung für den Gabentisch, die Erwachsene schon in den Tagen oder Wochen vor dem Geburtstag einmal selbst fertigen können, ist eine bunt bemalte Messlatte zum Aufhängen. An jedem Geburtstag, und natürlich auch zwischendurch, lässt sich daran ablesen, wie groß man geworden ist. Für Kinder ab dem 4. Lebensjahr ist es eine spannende Sache, wenn es von Zeit zu Zeit heißt: «Guck dir das mal an, so viel bist du gewachsen!»

Messlatte

Eine Holzleiste, ca. 130 cm lang und 5 cm breit gründlich mit Sandpapier abschleifen, an das obere Ende ein Loch zum Aufhängen bohren und in der Mitte zwei durchgehende Linien mit Zentimetermaß auftragen. Da die fertige Messlatte später mit einigem Abstand über dem Boden befestigt wird, genügt es, als unterstes Maß die Zahl 70 oder 75 aufzutragen. Alle 5 cm werden die weiteren Maße angeschrieben und durch ein buntes Feld markiert. Zum Schluss wird die Messlatte mit Blüten und Ranken bemalt und nach Belieben auch lackiert.

Ich freu mich schon so

Ich bin immer noch wach. Vorhin hat die Mutter zur Tür hereingeschaut. Sie hat wahrscheinlich gemeint, ich schlafe schon. Sie hat dann irgendetwas von oben, von meinem Schrank heruntergeholt. Ich glaube, das war Einwickelpapier. Jetzt raschelt es nämlich nebenan. Wahrscheinlich wird ein Geschenk für meinen Geburtstag eingepackt. Oh, ist das kribbelig! – Heute kann ich gar nicht richtig einschlafen. Jetzt habe ich schon ganz oft bis zehn gezählt, aber das hat nichts geholfen.»

Irgendwann ist Marion dann doch eingeschlafen, aber am nächsten Morgen ist sie besonders früh wach. – Erst ist es noch so still, dass sie die große Wanduhr vom Wohnzimmer ticken hört. Jetzt rührt sich etwas. Türen gehen. Schritte im Flur, Flüstern – dann ist es wieder ziemlich ruhig.

Die Mutter hatte gesagt, sie würde schon rechtzeitig zum Wecken kommen. Trotzdem, Marion hält es nicht mehr aus. Sie schlüpft aus dem Bett. Gerade will sie die Tür einen kleinen Spalt öffnen und herausspitzen, da klappert etwas im Flur. Das ist wohl der große Bruder, dem sein Notenständer umgefallen ist. – Schnell zurück ins Bett! Marion steckt ihren Kopf unter die Decke und versucht, tief zu atmen. Die Tür geht auf und ein Geburtstagsständchen erklingt.

Der Geburtstagsmorgen

Die erste Gelegenheit zum Feiern bietet sich gleich am Morgen mit der Familie. Jetzt sind alle noch zu Hause. Wenn etwas zeitiger als sonst aufgestanden wird, kann der Tag gemütlicher als sonst beginnen. Das Geburtstagskind genießt es, wenn es einmal so richtig verwöhnt wird und wenn gleich am Morgen alle herbeikommen, um zu gratulieren. Ein Geburtstagskanon gibt dem Tag einen fröhlichen Auftakt.

Feiern mit der Familie

Am Geburtstagsmorgen, wenn der Tag einmal ohne Eile beginnt, ist ein besonderes Frühstück für die ganze Familie eine Freude. Der Tisch ist festlich gedeckt und mit Kerzen und Blumen geschmückt. Das Gedeck für das Geburtstagskind kann mit einer Blütenranke umkränzt sein.

Ein Tablett oder ein Tischchen, auf dem die festliche Torte und schön verpackte Geschenke vorbereitet sind, darf an diesem Tag nicht fehlen. Je nach Familientradition gibt es die Geschenke gleich am Morgen oder erst im Laufe des Tages. Für die Kinder ist ein langes Hinwarten, bis es zur «Bescherung», einem der wichtigsten Ereignisse des Tages kommt, nicht unbedingt leicht auszuhalten.

Wenn sich das Geburtstagskind dann an das ersehnte Auspacken der Geschenke macht, kann man auch die Geschwister mit einer kleinen Aufmerksamkeit überraschen.

Feiern mit Gästen

Nach einer ersten Einstimmung am Morgen in der Familie kann der Festtag nach Kindergarten- oder Schulbesuch noch einen besonderen Akzent bekommen, wenn am Nachmittag weitergefeiert wird. Es gibt Kinder, für die ist es schon das Größte, wenn die Mutter oder der Vater sich an diesem Tag einmal Zeit nimmt und nur für sie da ist, und andere, die sich einen Geburtstag überhaupt nicht vorstellen können ohne ein Kinderfest. Hier ist es wichtig, abzuspüren, auf welche Festgestaltung sich das Kind wirklich freut. Wenn es nicht dazu aufgelegt ist, groß zu feiern, dann gibt es eben ein kleines Fest, nur im Familienkreis. Auch hier lässt sich vergnügt feiern, und es gibt eine Reihe von Spielen, die man im kleinen Rahmen spielen kann.

Wer zum Geburtstag ein Kinderfest vorbereiten will, findet in diesem Buch zahlreiche Anregungen zur Gestaltung eines Festtages.

Das Geburtstagskind ist krank

Die Gäste sind geladen, dieses und jenes ist schon für das Fest vorbereitet – doch über Nacht ist das Kind krank geworden. Es lässt sich nicht ändern, das Geburtstagsfest muss abgesagt werden. Jonas ist sehr traurig darüber. Er will es nicht einsehen, dass kein Besuch kommen kann. Erst die Aussicht, dass das Fest nachgeholt wird, beruhigt ihn.

Das Fest lässt sich verschieben, aber nicht der Geburtstag selbst. Auch wenn das Kind krank im Bett liegt, kann der Tag eine besondere Note bekommen, denn, wie eine Volksweisheit sagt: «Man soll die Feste feiern, wie sie fallen.»

Es wird dem Kind gefallen, wenn das Krankenzimmer zu seinem Ehrentag dann ein wenig festlich geschmückt wird. Wenn es nicht allzu sehr geschwächt ist, wird es froh sein, wenn die Mutter, der Vater sich zu ihm ans Bett setzen, ihm etwas vorlesen oder mit ihm spielen.

Puppengesellschaft

 Wenn das Kind im Bett bleiben muss, braucht es auf Gäste nicht zu verzichten. Da sind doch die Puppen, die meistens in der Wiege liegen müssen, auch wenn sie überhaupt nicht krank sind. Sie dürfen heute aufstehen und zum Puppenfest gehen.

Bevor das Fest beginnt, werden die Puppen noch fein gemacht: Sie bekommen andere Kleider. Vielleicht wird aus einem Stoffrest noch eine neue Schürze gestichelt. Zöpfe werden geflochten und mit passenden Haarschleifen versehen etc. Es gibt auf jeden Fall einiges zu tun, und das Geburtstagskind hat eine schöne Beschäftigung im Bett.

Als Tisch für die Puppen kann ein Schemel dienen. Er wird festlich gedeckt und geschmückt. Die Puppen bekommen auch eine eigene kleine Torte. Dafür kann z. B. ein Löffel voll Teig von der Geburtstagskuchenmasse abgezweigt und in einer Puppenform gebacken werden, oder man serviert ein kleines rundes Gebäckteil vom Bäcker als Festkuchen für die kleine Gesellschaft.

Viele Kinderspiele und Lieder eignen sich auch für Puppengesellschaften. Wenn Mutter oder Vater mithelfen, die kleinen Gäste zu halten und zu bewegen, dann können sie zu Ringelreihen und anderen Spielliedern hüpfen und tanzen. Sogar ein Bastelfest, bei dem Puppenhefte oder Kaufladentüten (siehe S. 84) gebastelt werden, kann es für die Puppen geben.

Schattenspiele

Auch Gäste aus dem Schattenreich können das kranke Geburtstagskind besuchen, und es besteht garantiert keine Gefahr, dass sie sich anstecken.

Am Abend, wenn es draußen schon dunkel ist und nur eine Strahlerlampe im Zimmer brennt, kann es im Krankenzimmer spannend werden. Verschiedene Tiere aus dem Schattenreich können an der Wand entlang spazieren, um dem Geburtstagskind zu gratulieren und ihm einiges zu erzählen. Vielleicht entsteht eine kleine Geschichte daraus.

Erster bis zwölfter Geburtstag

Der Kindergeburtstag ist ein Fest, das von Jahr zu Jahr anders erlebt wird. Ein Einjähriges bekommt davon noch kaum etwas mit. Dann aber, im Laufe der folgenden Jahre, gewinnt der Geburtstag zunehmend an Bedeutung und es ist den Kindern sehr wichtig, dass er auch gefeiert wird. Das Fest wird natürlich dem Alter der Kindes entsprechend immer wieder anders gestaltet.

Der erste Geburtstag

Seinen ersten Geburtstag kann das kleine Kind noch kaum erfassen, und es wird sich auch später nicht daran erinnern können. Es hat jedoch sichtlich Freude daran, an diesem Tag im Mittelpunkt der Familie zu stehen. Mit staunenden Augen wird es die brennende Kerze auf seinem Geburtstagskuchen anschauen und vielleicht Vergnügen daran haben, die Flamme auszublasen.

Oft hat die Mutter, der Vater den Wunsch, diesen Tag großartig zu begehen und mehrere Gäste einzuladen. Den Kleinen jedoch kann allzu viel ungewohnter Betrieb leicht zu viel werden. Sie sind schnell erschöpft und werden dann, scheinbar ohne Grund, knatschig. Mit einer Festgesellschaft kann ein Einjähriges noch nicht viel anfangen. Auch wenn es gerne andere Kinder sieht, so ist es doch noch nicht in der Lage, mit ihnen in sozialen Kontakt zu treten und etwas zu spielen.

Besondere Aktivitäten braucht es zum ersten Geburtstag nicht zu geben. Wenn man Besuch einladen will, dann genügt es, wenn nur wenige, dem Kinde gut vertraute Menschen kommen.

Der zweite Geburtstag

Den zweiten Geburtstag nehmen Kinder schon viel aufmerksamer wahr als den ersten. Natürlich sind auch die Tage davor schon recht spannend, wenn Verschiedenes vorbereitet wird. Welche Freude haben sie, wenn sie erleben, wie bunte Papierblumen oder etwas anderes als Festschmuck gebastelt wird. Farbige Papierschnipsel und Bänder, die dabei abfallen, sind für sie wahre Schätze, aus denen sie nun auch etwas gestalten wollen.

Auch beim Kuchenbacken sind die Kinder gerne dabei. Hier helfen sie gerne mit, das Mehl in die Schüssel zu sieben, den Teig auch mal umzurühren oder abzuschmecken. Beglückend für ein Zweijähriges, wenn es einen Löffel Teig für ein eigenes kleines Backförmchen bekommt.

Ein Zweijähriges hat kaum Ausdauer. Es will alles noch im Spiel erleben. Ein kleines Reimchen zwischendurch, zu dem ihm der Erwachsene den Takt ins Händchen klopft, macht ihm sicher Vergnügen.

Patsche, patsche Küchelchen,
mir und dir ein Krügelchen,
mir und dir ein Hellerchen,
sind wir zwei Gesellerchen.

Komm mein Schätzchen

Weise: überliefert

1. Komm, mein Schätzchen tanz mit mir, bei-de Hän-de reich ich dir.
Ein-mal hin, ein-mal her, rings her-um, das ist nicht schwer.

2. Ei, das hast du schön gemacht,
ei, das hätt ich nicht gedacht.

3. Noch einmal das schöne Spiel,
das mir gar so gut gefiel.

Zum zweiten Geburtstag werden oft nur einige Verwandte eingeladen. Die Kinder freuen sich, wenn die Erwachsenen an diesem Tag nicht nur zum Kuchenessen und zum Plaudern kommen, sondern wenn sie auch mit dem Kind spielen oder mit ihm ein Tänzchen drehen.

Spielkameraden einladen

Manchmal kommen zum zweiten Geburtstag schon ein oder zwei Spielgefährten. Auch wenn die Kleinen noch nicht richtig miteinander spielen, sind sie gerne beieinander. Wenn es die Jahreszeit und das Wetter erlauben, kann der Geburtstag des Zweijährigen auch Anlass für ein Picknick sein. Die Kinder haben dann Gelegenheit, ein bisschen herumzuspringen, denn mit Essen halten sie sich meistens nicht lange auf.

Ein Ausflug ins Freie kann zu einem lustigen Vergnügen werden, und wenn es nur in den nahe gelegenen Park ist. Vielleicht lässt sich irgendwo ein Bollerwagen auftreiben, in dem zwei bis drei Kinder Platz haben. So ein Wagen kann dann, mit bunten Papierblumen geschmückt, zu einem lustigen Geburtstagsgefährt werden. Für die Kinder hinten drinnen ist es ein Spaß, sich recht schwer zu machen, so dass die Erwachsenen vorne ins Schwitzen kommen und sich beim Ziehen abwechseln müssen.

Die goldene Kutsche

Munter — Volksweise

Komm, wir wollen wandern von einem Ort zum andern; ri - ra - rutsch! Wir fahren in der Kutsch'.

In der Kutsche fahren wir und auf dem Esel reiten wir; ri - ra - rutsch! Wir fahren in der Kutsch'.

Auch draußen kann man die Zweijährigen mit einfachen Ideen begeistern. «Guck – guck, wo bin ich?» – Dieses einfache Versteckspiel macht ihnen höchstes Vergnügen.

Bei den Kleinen sind die Verstecke noch ganz einfach. Wenn sie selbst niemanden mehr sehen können, weil sie sich gerade die Augen zuhalten, meinen sie, dass auch sie nicht gesehen werden. Was für ein Spaß, wenn der Erwachsene sich in solche Vorstellung einfühlen kann und nun ein wenig umständlich sucht: «Ja, wo kann denn die Liesel nur sein? – Wo ist sie denn nur?» – Bis das Kind fast platzt vor Vergnügen, und die Hände von den Augen herunternimmt und ruft: «Da!» Die meisten Kleinen mögen dieses Spiel so gerne, dass sie sich mit großer Ausdauer damit beschäftigen können.

Die Kinder können ganz fasziniert zuschauen, wenn einer der Erwachsenen es versteht, z. B. aus Gänseblümchen oder anderen Blüten kleine Blumengirlanden zu winden. Sie freuen sich über die Armbänder oder den Kopfschmuck, der daraus entstehen kann.

Der dritte Geburtstag

Kinder nehmen den Geburtstag nun von Jahr zu Jahr bewusster wahr. Der dritte Geburtstag wird schon als ein besonderer, persönlicher Ehrentag erlebt. Oft gibt es da ein erstes kleines Kinderfest. Jetzt haben die Kleinen sichtlich Freude an Gesellschaft. Andere Kinder werden aufmerksamer wahrgenommen als noch vor einem Jahr.

Die Kinder kommen mit Begleitung

Wenn ein dritter Geburtstag mit Spielkameraden gefeiert wird, dann ist es sinnvoll, auch Mütter und Väter gleich miteinzuladen, denn kaum ein Dreijähriges schafft es schon, ohne eine vertraute Begleitung in einer fremden Umgebung zu bleiben. Es genügt, zwei, höchstens drei Kinder einzuladen, da auf diese Weise doch eine größere Gesellschaft zusammenkommt. Viel Gemeinsames ist auch jetzt noch kaum möglich, denn die Kinder haben wenig Ausdauer, bei einer Sache zu bleiben. Sie haben es gerne, wenn die Erwachsenen jetzt einfache, kleine Singspiele mit ihnen spielen.

Ringel, Ringel, Reihe

Worte und Weise: volkstümlich

Ringel, Ringel, Reihe, sind der Kinder dreie, sitzen unterm Holerbusch, schreien alle husch, husch, husch!

Die Spieler fassen sich an den Händen und gehen singend ringsum im Kreis. Bei «husch, husch, husch» hocken sich alle nieder und klatschen dabei in die Hände.

Häschen in der Grube

Worte und Weise: volkstümlich

1. Häs-chen in der Gru-be saß und schlief, saß und schlief. Ar-mes Häs-chen bist du krank, dass du nicht mehr hüp-fen kannst? Häs-chen hüpf! Häs-chen hüpf! Häs-chen hüpf!

2. Häschen in der Grube |: hüte dich! :|
Denn sonst kommt der Hund heran,
und packt gleich mein Häschen an.
|: Häschen hüpf :|
Häschen hüpf!

Bei diesem Spiel sitzt das Häschen in der Mitte des Kreises und schläft. Wenn es bei Strophe 1 und 2 heißt «Häschen hüpf!», erwacht es und hüpft.

Dauer des Festes

Im Sinne des Geburtstagskindes wird man eine Einladung zeitlich auf eineinhalb, höchstens zwei Stunden begrenzen, weil es sonst leicht zu viel des Guten werden kann. Mehr ist für ein Dreijähriges kaum zu verkraften. Es sind so viele ungewohnte Eindrücke. Wenn das Fest länger dauert, wird es den Kindern einfach zu viel. Sie schaffen es dann kaum, bei guter Laune durchzuhalten. Irgendwann fangen sie an zu quengeln, weil sie nicht mehr können. Wer kennt das nicht? Wenn Kinder überfordert sind, werden sie trotzig oder bockig. Es empfiehlt sich also, aufzuhören, wenn es am schönsten ist. Dann gehen alle mit guten Eindrücken nach Hause, und der Festtag kann noch gemütlich ausklingen.

Der vierte bis zwölfte Geburtstag

Ab dem vierten Geburtstag beginnt die klassische Zeit der Kinderfeste. Mit Vierjährigen lässt sich das erste richtige Kinderfest mit mehreren Spielkameraden feiern. Sie haben schon viel Spaß an gemeinsamen Spielen, und sie schaffen es nun, ohne Mutter oder Vater bei der Gesellschaft zu bleiben. Bei Kindern im Vorschulalter genügt es, die Dauer der Einladungszeit auf etwa zwei Stunden zu beschränken.

Für Kinderfeste mit jüngeren Kindern werden erst einmal Ideen gesammelt und ein Programm zusammengestellt (s. Seite 36–39). Ein einheitliches Modell dafür, wie man ein Fest einleitet und abschließt und auch welche Spiele gespielt werden können, kann es nicht geben. Die örtlichen Gegebenheiten und die persönlichen Vorlieben sowie auch die Bedürfnisse sind überall anders. Wichtig ist es, dass das Programm für den Festtag entsprechend dem Alter der Kinder zusammengestellt wird. Die Alterssymbole in diesem Buch erleichtern das Aussuchen geeigneter Spiele.

Kinderfeste mit Programm und Spielen sind höchstens bis zum zwölften Geburtstag angesagt. Danach wünschen sich die Kinder andere Möglichkeiten, ihren Ehrentag zu feiern. Manche wollen dann nicht mehr, dass die Eltern alles vorbereiten.

Ältere Kinder feiern Geburtstag

Eltern, die dem Wunsch ihrer Sprösslinge nachgeben und ihnen alles selbst überlassen, müssen gelegentlich feststellen, dass Kinder meistens noch überfordert sind, wenn sie ein Fest ganz ohne Erwachsenenhilfe veranstalten wollen. Eine Mutter, die diese Erfahrung gemacht hatte, beschreibt das so:

«Der elfte Geburtstag der jüngsten Tochter war so ziemlich danebengegangen, obwohl die Schnitzeljagd vorbereitet gewesen war und wir noch Spiele für drinnen im Hintergrund gehabt hatten. – ‹Wir machen alles alleine, wir können das!› – so war die allgemeine Stimmung am Nachmittag selbst. Ein Kind muckste, weil ihm nichts passte, andere wurden angesteckt, es ergaben sich zwei Gruppen, die getrennt herumschimpften. Der erste Geburtstag, an dem abends die Hauptperson weinte. Das war noch nie da gewesen und als Mutter schwor ich mir: Nie wieder.»

Elf- und Zwölfjährige sind durchaus noch für ein Kinderfest mit gemeinsamen Aktivitäten zu begeistern, wenn das Programm altersgerecht zusammengestellt ist. Früher beliebte Spiele wie Eierlaufen, Reise nach Jerusalem etc., die nun gerne als Kleinkinderkram abgetan werden, sind selbstverständlich nicht mehr zu empfehlen. Jetzt sind z. B. Stegreiftheater (S. 174), Scharaden (S. 171) und Wettspiele (S. 196 ff.) gerade das Richtige, und der Erwachsene als Spielleiter oder Animateur, der selbst Freude am Mitmachen hat, wird durchaus noch akzeptiert. Etwa ab dem 13. Lebensjahr ändert sich das. Die jungen Menschen wünschen sich nun eigene Möglichkeiten, Feste zu feiern.

Feste planen und vorbereiten

Ein Kinderfest planen

«Bald gibt es ein Fest!»,
zwitschern die Vögel im Nest.
Da kommen viele Tiere heran
und sie machen einen Plan:

«Werden wir auch tanzen?»,
fragen die Wanzen.
«Wir tanzen Ringelreihn»,
so sagt das Schwein.

«Was werden wir trinken?»,
fragen die Finken.
«Ich wünsch mir Kakao»,
so sagt der Pfau.

«Was essen wir dann?»,
fragt der Schwan.
«Ein Kuchen wär' recht»,
so meint der Specht.

«Was werden wir spielen?»,
fragen die Grillen.
«Wir spielen Verstecken»,
so sagen die Schnecken.

«Wie schmücken wir das Haus?»,
fragt die Maus.
«Mit einem Blumenkranz»,
so sagt die Gans.

«Wer singt dann dazu?»,
fragt die Kuh.
«Jeder singt wie er kann»,
so sagt der Fasan.

«Bald gibt es ein Fest!»,
zwitschern die Vögel im Nest.

Ein Fest vom Anfang bis zum Ende

Das Einfachste von allem, was man vor einem Fest tun kann, ist, die Speisen und Getränke auszuwählen und vorzubereiten. Auch das Schmücken der Räume sowie der Aufbau einer festlichen Tafel ist noch einigermaßen leicht zu bewältigen. Dann aber kommt die große Frage: «Was gibt es anschließend?»

Mit dem Kuchenessen sind die Kinder meist recht schnell fertig, und dann heißt es unweigerlich: «Was machen wir jetzt?» Wenn da nun nichts mehr weiter vorgesehen war, geht es bald drunter und drüber. Der Nachmittag nimmt seinen Lauf, und dann tritt häufig etwas ein, was niemand will. Eine Mutter beschreibt das so: «Jede Geburtstagsfeier bei kleineren Kindern endet mit Gekreisch und Tränen. Mich deprimiert das. Für einen Erwachsenen wäre es auch blöd, wenn eine Party im Desaster endet. Manchmal habe ich es schon geschafft, meine Kinder eine halbe Stunde vorher da herauszulotsen, wenn ich merke, dass die Toberei gleich in Gezänk umschlägt. Einfach, damit sie das Fest in guter Erinnerung behalten und um die Schlussnervung zu umgehen, wenn alle sich nur noch anschreien.»[1]

Ein Kinderfest läuft nicht von alleine

Neben allen äußerlichen Vorbereitungen will auch das Programm für den Festtag gut überlegt sein, damit dieser von Anfang bis Ende zu einem schönen Erlebnis wird. Feste, die im Chaos enden oder bei denen die Kinder weitgehend sich selbst überlassen bleiben, müssen nicht sein.

Auch erfahrene Pädagogen wissen, dass man das Gelingen eines Kinderfestes nicht einfach dem Zufall überlassen kann. Eine Lehrerin, selbst Mutter mehrerer Kinder, die berufsmäßig einiges an Spielen und Beschäftigungen kennt, bemerkte: «Ohne dass ich mir vorher genau überlege, wie der Festtag gestaltet werden kann, läuft gar nichts.»

Beim Pläneschmieden sind ältere Kinder gerne dabei. Sie haben meist schon andere Feste erlebt, und so bringen sie oft sehr brauchbare Vorschläge ein. Für die Kleinen dagegen überlegen sich die Erwachsenen die Gestaltung des Festtages. Von ihnen kann man noch nicht erwarten, dass sie wissen, was sie an einem fernen Tag essen oder spielen wollen. Sie verlassen sich gerne auf die Mutter oder den Vater.

Ideen sammeln für den Festtag

Sobald also ein Fest in Aussicht steht, werden erst einmal Ideen gesammelt für das, was man am Festtag miteinander anfangen kann. Der Schwerpunkt liegt dabei vor allem auf gemeinsamen Aktivitäten, denn dazu bietet der Alltag den Kindern nur noch selten Gelegenheit. Sie haben davon mehr als von einem Unterhaltungsprogramm, an dem sie sich nicht aktiv beteiligen können. Je nach Alter und Größe der Festgesellschaft werden also möglichst viele Spiele herausgesucht:

Spiele zur Einstimmung, Spiele für den Nachmittag, Abschlussspiele sowie auch Spiele zur Überbrückung, wenn mal wieder eine Auflockerung fällig ist. Wichtig ist natürlich, dass es öfters etwas zum Lachen gibt. Scherzspiele, Scherzlieder, Auflockerungsspiele, lustige Wortspiele oder Rätsel zwischendurch sind immer ein Erfolg.

Festprogramm

Das Auswählen altersgerechter Spiele ist erst die Grundlage für ein Festprogramm. Wichtig ist nun, dass das Ganze so zusammengestellt wird, dass – bei aller Mühe – nicht zuletzt doch noch ein Chaos entsteht. Ein Festtag wird zu einem geschlossenen Ganzen, also zu einer «runden Sache», wenn man ihn, ähnlich wie ein Theaterstück, in Anfang, Hauptteil und Schluss einteilt.

Anfang:
Ein gelungener fröhlicher Beginn ist die beste Einstimmung für ein Fest. Da es manchmal ein wenig dauert, bis die Gäste vollzählig sind, können kleine Spiele die Wartezeit überbrücken (s. Seite 102 f.). Sobald dann alle da sind, und die ggf. mitgebrachten Geschenke erst mal auf einem Ehrenplatz (s. Seite 101) abgelegt sind, findet man sich in der Runde zusammen. Eine herzliche Begrüßung – je nach Alter der Kinder durch den gastgebenden Erwachsenen oder auch durch eine Puppe (s. Seite 104) –, danach beginnt das Fest am besten erst einmal mit einem Bewegungsspiel oder -lied. Ein lustiges Anfangsspiel (s. Seite 104 ff.), bei dem es etwas zu lachen gibt, bringt die Gesellschaft in Schwung und ist das Beste zum «Warmwerden». Falls sich noch nicht alle Kinder mit Namen kennen, kann dann ein Kennenlernspiel (s. Seite 112 ff.) folgen.

Wenn ein Geburtstag Anlass für das Kinderfest ist, gilt es nun, während einer kleinen Pause, sich den verschiedenen verpackten Mitbringseln zuzuwenden, die vom Geschenketisch (s. Seite 101) herüberleuchten. Wenn das Auswickeln erst jetzt und nicht gleich am Anfang zwischen Tür und Angel geschieht, wird dies der Mühe und Sorgfalt, mit der die Gäste ihre Gaben ausgewählt und eingewickelt haben, viel mehr gerecht. Nun gibt es Zeit zum Schauen, Bewundern und Würdigen – ein wichtiges Ereignis, denn schließlich wollen die Kameraden ja auch erfahren, ob sie das Richtige getroffen haben.

Hauptteil:
Zum Hauptteil, also zum wesentlichen Programmpunkt eines Kinderfestes, gehören neben der festlichen Tafel (s. Seite 53 f. / 116) natürlich auch die gemeinsamen Spiele (s. Seite 121 ff.).

Wo es sich einrichten lässt, wird ein Teil des Festprogrammes nach draußen verlegt, und wenn es nur für kurze Zeit ist. Die Kinder brauchen Gelegenheit, Energie freizusetzen. Nach einigen Bewegungsspielen im Freien ist die Gesellschaft wieder wie frisch ausgelüftet.

Bewährt hat sich, die Spiele, die man herausgesucht hat, so zusammenzustellen, dass Bewegtes und Ruhiges sich abwechseln. Die Kinder haben dann Gelegenheit zum Toben und auch zum Ausatmen. Wenn also auf ein Fang-, Lauf- oder rhythmisches Bewegungsspiel zur Entspannung etwas Ruhigeres, wie z.B. ein Kreis-, Pfänder- oder Ratespiel folgt, lässt sich Chaos fast immer vermeiden. Auch für den Erwachsenen als Spielleiter ist die Zusammenstellung von Aktivitäten in rhythmisch wechselnder Aufeinanderfolge eine große Hilfe, denn dadurch ist es ihm möglich, dass er am Ende des Festes noch genügend Schwung für einen gelungenen Abschluss hat.

Schluss:

Ende gut, alles gut, dieses Sprichwort gilt besonders auch für ein Kinderfest. Wenn Kindern in Aussicht gestellt wird, dass es zum Abschluss noch etwas Besonderes geben wird, herrscht manchmal eine fast knisternde Spannung, was das wohl sein könnte. Da wird geraten und vermutet, aber ganz genau wissen es die Gäste erst, wenn es so weit ist. Anregungen dafür, wie mit mehr oder weniger Aufwand ein solcher Festabschluss gestaltet werden kann, finden sich auf Seite 200 ff. Auch für Mütter und Väter, die eigentlich gar keine Zeit haben, etwas vorzubereiten, ist etwas dabei.

Programm nur als Gerüst

Ein Programm für den Festtag dient vor allem als Gerüst. Es gibt dem Spielleiter eine gewisse Sicherheit, wenn er sich vorher die Reihenfolge der Aktivitäten und den Ablauf des Festes überlegt.

Natürlich lässt sich nicht alles genau durchplanen und verwirklichen. Während des Festes bemerkt man vielleicht, dass man sich zu viel vorgenommen hatte, dass einzelne Spiele mehr Zeit beanspruchen, als man dachte. Dazu kommen bei jedem Kinderfest irgendwelche unvorhergesehenen Zwischenfälle und Überraschungen. Es ergibt sich dann von selbst, dass es kaum möglich ist, sich nur an das Vorgenommene zu halten. Auch spontane Einfälle können willkommen sein.

Mütter und Väter, die ab und zu ein Fest gestalten, sind natürlich keine Profis, die sich alles gleich merken können. Niemand erwartet das und keinen der Gäste stört es, wenn sie sich als Spielleiter einen großen Zettel zurechtlegen, auf dem Spiele und Aktivitäten aufgeschrieben sind.

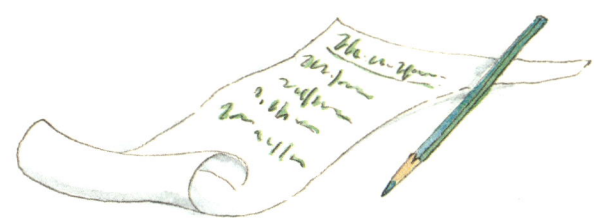

Ein Fest jedes Jahr neu planen

Ein schöner Festplan, den man einmal gemacht hat, lässt sich höchstens teilweise auf nachfolgende Feste übertragen. Die Kinder werden älter und damit ändern sich auch ihre Bedürfnisse. So können z. B. Spiele, die bei einem Fest noch das Richtige waren, im Jahr darauf schon nicht mehr erwünscht sein. – Vor jedem Fest entsteht also von neuem die Frage: «Was machen wir dieses Mal?»

Festeinladung

«Ich lade mir Gesellschaft ein»,
sagt einst die Frau von Borstenschwein.
Zum Festtag kommt die Gästeschar
zu Saft und Kuchen wunderbar.
Es sitzen da an einem Tisch:
Herr Braunbär und Frau Tintenfisch,
Herr Karpfen und Frau Gackerhuhn,
die wollen sich recht gütlich tun:
dazu kommt noch der Herr von Spatz
mit seiner Freundin, der Frau Katz.
Sie trinken viele Tassen leer,
es schmeckt der gute Kuchen sehr.
Dann lecken sie die Teller rein
und finden sich zum Tanze ein.
Sie grüßen sich und sagen:
«Auf Wiedersehen in acht Tagen».

frei nach H. Hoffmann

Wen willst du denn einladen?

Fragt man die Kinder, wen sie zu einem Fest einladen möchten, sind die Wunschlisten manchmal beachtlich lang: «Alle vom Kindergarten», heißt es dann zum Beispiel, oder es werden Namen aufgezählt, nicht nur von Spielkameraden, sondern auch von verschiedenen Erwachsenen. Auch die nette Frau aus dem Milchgeschäft soll kommen, die Nachbarin, der Großvater usw. Kleine Kinder überblicken nicht, was machbar ist und was nicht. Sie haben Wünsche, und der Erwachsene hat seine Möglichkeiten – beides gilt es nun, unter einen Hut zu bringen. Die Anzahl der Gäste hängt natürlich auch davon ab, wo gefeiert wird. Zu einem Fest im Freien können mehr Gäste kommen als zu einer Feier in einer kleinen Wohnung.

In der Vorschulzeit werden die Gäste der Kinder sehr oft noch von der Mutter, vom Vater ausgesucht. Später, etwa ab dem Schulalter, wissen die Kinder dann genau, wen sie als Gast haben möchten und wen nicht. – Sie handeln das oft auch untereinander aus: «Wenn du mich nicht einlädst, dann lade ich dich auch nicht ein.»

Pflichteinladungen

So genannte Pflichteinladungen mögen Kinder nicht. Eine Aufforderung wie: «Du wurdest bei Max eingeladen, also gehört es sich, dass du ihn auch einlädst», findet wenig Anklang. Für Pflichteinladungen, die oft auf Elternbekanntschaften beruhen, haben die Kinder kaum etwas übrig. Gäste, zu denen sie keine Beziehung haben, müssen nicht unbedingt zum Kindergeburtstag kommen. Man kann sie ebenso gut ein anderes Mal einladen.

Wie viele Gäste?

Der Erwachsene entscheidet letztendlich, wer zu einem Kinderfest kommt und wie viele Gäste es geben wird. Wenn er gerne ein Fest im großen Stil veranstaltet und auch die Möglichkeit dazu hat, kann das ein wunderbares Erlebnis für die Kinder sein. Ein bescheidenes Fest wird ihnen ebenso willkommen sein. Wichtig ist, dass überhaupt gefeiert wird.

Eltern und Nachbarn

Meistens schaffen es die Kinder erst ab etwa vier Jahren alleine bei einer Gesellschaft zu bleiben. Bei jüngeren Gästen werden deshalb Mutter oder Vater am besten gleich mit eingeladen. Ob sie sich dann an den Spielen und am Kinderprogramm beteiligen, oder ob sie bei Kaffee und Kuchen gemütlich in der Ecke sitzen und einfach nur da sind, das wird, nach den Vorstellungen des Gastgebers, individuell verschieden sein.

Für kleine Kinder ist es auf jeden Fall lustiger, wenn die Erwachsenen bei Spiel und Ringelreihen mitmachen, als wenn sie als Zuschauer dabeisitzen und ihre lieben Kleinen bewundern.

Bei einem Kinderfest geht es turbulent zu. Die Freude und Unbeschwertheit der Festgesellschaft wäre gestört, wenn man die Kinder ständig wegen der anderen Hausbewohner ermahnen müsste, rücksichtsvoll und leise zu sein. Also: an die Nachbarn denken und rechtzeitig Bescheid geben. Ein Fest findet einmal statt, eine Nachbarschaft muss jedoch länger bestehen.

Ein Nachbar, der gerne grantelt, lässt sich vielleicht mit einer kleinen Aufmerksamkeit versöhnlich stimmen. Den Versuch ist es auf jeden Fall wert. Dazu können auch die Kinder etwas beitragen, wenn sie, möglicherweise in Begleitung der Mutter oder des Vaters, eine Kleinigkeit vorbeibringen: einen Blumenstrauß, ein Schälchen mit Festtagsgebäck oder etwas Selbstgemachtes, wie z.B. eine Kinderzeichnung, eine Papierblume oder ein verziertes Kärtchen.

Einladungskarten

Ein Fest ist geplant, und damit alle, die man dazu einladen möchte, zu dem vorgesehenen Termin auch Zeit haben, empfiehlt es sich, sie möglichst rechtzeitig zu benachrichtigen. Da jedes Kind liebend gerne eigene Post bekommt, sind selbst gefertigte Einladungskarten einer nüchternen telefonischen Verabredung vorzuziehen.
Fast alle kleinen Kinder malen gerne. Gibt man ihnen zugeschnittene Papiere im Briefkartenformat und überlässt es ihrer Fantasie, was sie darauf malen wollen, fertigen sie gerne und mit Eifer kleine Bilder für ihre Gäste, die sich dann zu Einladungskarten verwandeln lassen.

Es gibt Kinder, die sich schwer tun, mit Wachsmalkreiden und Stiften umzugehen. Sie sitzen vor dem Blatt, und es will ihnen nichts einfallen. Das wird sofort anders, wenn man ihnen flüssig angerührte Wasserfarben gibt. Wenn man damit malt, braucht man sich kein Motiv zu überlegen. Es geht hier vor allem um das Spiel der Farben, wie sie zusammentreffen, sich mischen. Es genügen die Töne Rot, Blau und Gelb. Sie werden mit einem breiten Borstenpinsel einfach nur auf saugfähiges, angefeuchtetes Papier aufgetragen. Es ist ein Erlebnis, zu sehen, wie da die Farben ineinander laufen. So entstehen schöne Farbkompositionen, die sich dann, wenn sie getrocknet sind, in Einladungskarten verwandeln lassen.

Aus Kinderbildern werden festliche Karten

Die selbst gemalten oder gestalteten Kunstwerke können auf eine Doppelkarte oder auf farbiges Tonpapier geklebt werden. So bekommt das einfachste Kinderbild ein festliches Aussehen.

Für jüngere Kinder schreibt der Erwachsene den Einladungstext mit den wichtigsten Informationen: Wer lädt ein? Was für ein Fest wird gefeiert? Wann fängt es an? Wann ist es zu Ende? Wo findet es statt?

Selbst gestaltete Einladungskarten in verschiedenen Techniken

Etwa ab dem 9. Lebensjahr ist es den Kindern wichtig, zu zeigen, dass sie eine gewisse kindliche Phase überwunden haben. Sie wollen dann für die Freunde kein schönes Bild mehr malen. Lieber gestalten sie die Einladungskarten in einer ungewöhnlichen Technik. Den Text dazu schreiben sie natürlich selbst.

Papierbatik

Von einem 5 – 9 cm breiten Streifen Batikpapier ein Quadrat oder Rechteck zuschneiden und falten:

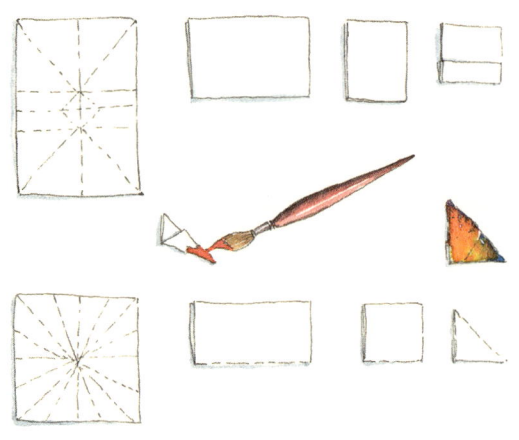

Mit dem Pinsel etwas Farbe aufnehmen und das gefaltete Papier zunächst von der Vorder- und danach von der Rückseite mit der gleichen Farbe betupfen, so dass es an den gewünschten Stellen völlig von Farbe durchtränkt wird. Verschiedene Farbtöne können an den Ecken, an den Knickstellen und auf der Fläche aufgetragen werden. Je nachdem, wie sie verteilt werden, ergeben sich unterschiedliche Muster.

Das gefärbte, gefaltete Papier zwischen Zeitungspapier legen und ausdrücken, bis keine Farbe mehr austritt, auffalten, auf einer Papierunterlage trocknen lassen, vorsichtig glatt bügeln und auf eine Briefkarte oder Tonpapier im Briefkartenformat aufkleben.

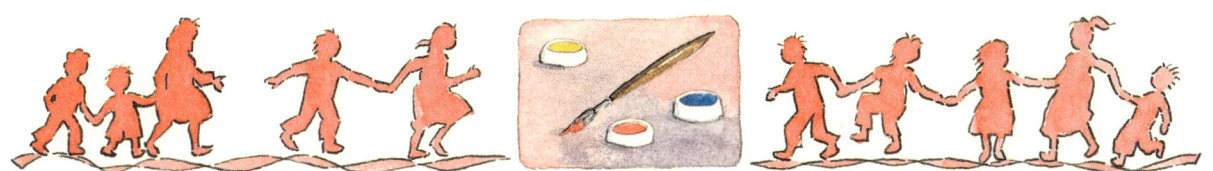

Blüten- oder Blätterbilder

Kleine Blüten, Gräser, Blätter, winzige Farnwedel, Moosfäden, können in einer Blumenpresse oder zwischen mehreren Lagen Büchern gepresst werden. Dies dauert allerdings ein bis zwei Wochen. Wer nicht so lange warten möchte, legt grüne Pflanzenteile zwischen zwei Lagen saugfähiges Papier und bügelt diese mit dem Bügeleisen – bei niedriger Temperatur – vorsichtig trocken. Bei Blüten kann dieses Verfahren jedoch nicht angewandt werden. Sie verändern durch die Hitzeeinwirkung ihre Farbe.

Die gebügelten Naturmaterialien werden zu Motiven oder Figuren angeordnet. Die einzelnen Teile lassen sich mit etwas flüssigem Klebstoff vorsichtig festkleben. Einige Stunden oder über Nacht trocknen lassen.

Pflanzendruck

Aus Batikpapier und aus Schreibpapier je ein Rechteck (8/13 cm) schneiden. Das Schreibpapier als Druckunterlage vorbereiten: Eines oder mehrere gepresste Pflanzenblätter darauf anordnen und festkleben.

Die Druckunterlage auf eine alte Zeitung legen, das Batikpapier darüber legen und vorsichtig mit etwas Klebestreifen befestigen.

Je Druckvorgang einen ca. erbsengroßen Tropfen Aquarell- oder Temperafarbe unverdünnt auf eine Glasplatte aufbringen und mit einer Linoldruckwalze so oft darüber rollen, bis die Farbe gleichmäßig auf der Walze verteilt ist. Um beim Drucken Ränder zu vermeiden, fährt man mit der Walze erst einmal kurz über ein Stück Zeitung und walzt anschließend mit leichtem Druck über das Batikpapier.

Interessante Farbmischungen entstehen, wenn man nach dem ersten Druckvorgang noch einmal mit einer anderen Farbe darüber druckt.

Mit einer Druckunterlage können mehrere Batikpapiere verziert werden.

Zum Schluss werden die fertigen Batikpapiere auf weiße Briefkarten geklebt.

Feste vorbereiten

Widele, wedele,
hinterm Städtele
gibt es bald wieder ein Fest.
Pfeift das Mäusele,
tanzt das Läusele,
schlägt das Igele Trommel.

Was ist mit den Kosten?

«Ich finde es ja auch schön, mit den Kindern viele Feste zu feiern, aber was das immer kostet, das muss man sich ja auch leisten können», dieser Einwand ist häufig von Eltern zu hören.

Ein Kinderfest, das sich an den Bedürfnissen der Kinder orientiert, muss nicht teuer sein. Aufwendige Lampions, knallbuntes Schmuckwerk aus dem Dekorationsgeschäft tragen von sich aus nichts zum Gelingen des Nachmittages bei. Man kann diese jederzeit weglassen, ohne jedoch auf eine festliche Gestaltung zu verzichten. Schmuck für das Fest kann überwiegend jahreszeitlich gestaltet sein. Zusätzliches lässt sich aus einfachen Papiersorten fertigen.

Kinder sind leicht dafür zu gewinnen, Festschmuck selbst herzustellen. Sollte der Erwachsene nicht viel Zeit zum Mitmachen haben, so genügt es oft, wenn er Anregungen gibt und diese oder jene Bastelidee vormacht. Wenn die Kinder sehen, wie sich z.B. eine Girlande aus Blättern auffädeln lässt, können sie alleine weitermachen. Was dann entstehen kann, hat viel mehr Charme als alles Gekaufte. Festschmuck, den Kinder selbst machen können, hat eine persönliche Note und kostet fast nichts.

Was den Kindern einen Tag zum Fest macht, lässt sich ohnehin nicht kaufen. Das Besondere für Kinder ist, wie schon erwähnt, dass der Erwachsene am Festtag für sie da ist und dass er viele schöne Spiele weiß. Und was die Speisen anbelangt, so ist ihnen das Einfache, schön dekoriert, lieber als raffiniert zubereitete Spezialitäten.

Die Vorbereitungszeit

Ein eigenes Fest! Freunde und Spielkameraden werden zu Hause erwartet. Die Vorbereitungszeit beginnt. Sie gehört unbedingt zu einem Fest. All das, was nun dafür überlegt, gebastelt, besorgt wird, stimmt die Gastgeber auf das kommende Ereignis ein. Kinder können es richtig genießen, wenn sie jetzt zusammen mit der Mutter, dem Vater einiges dafür tun dürfen. Solange sie nicht müssen, helfen sie gerne von sich aus mit. Es lässt sich dabei so allerlei erzählen und ausmalen, wie es dann wohl sein wird am Festtag.

Durch die eigene Tätigkeit strahlt die Vorfreude auf das Fest in den Alltag hinein. Kinder wollen dabei natürlich auch eigene Ideen einbringen und verwirklichen. Es ist wichtig für sie, dass der Erwachsene dann etwas Geduld hat, auch wenn er vielleicht alles schneller und besser alleine kann.

Selbst gestalten nach eigenen Möglichkeiten

Es geht nicht darum, für ein Fest großartige Dinge zu gestalten. Selbst gemacht wird nur das, was man ohne Mühe bewältigen kann. Die gute Laune bei allen Vorbereitungen ist wichtiger als jede Perfektion. Es kommt nicht darauf an, ob nun z. B. eine Papierblume oder etwas anderes genau nach Mutters Vorstellung gefertigt ist. Die Kinder sind gerne bei der Sache, wenn sie nach eigenem Vermögen gestalten dürfen, ohne verbessert zu werden.

Rechtzeitig beginnen

Mit den Vorbereitungen wird am besten möglichst rechtzeitig begonnen, damit man nicht in Bedrängnis kommt. Die Kinder haben dann eine schöne lange Zeit der Vorfreude. Nach und nach kann etwas entstehen. Allein die frischen Blätter und Blumen wird man erst kurz vor dem Fest holen.

Festlicher Schmuck aus der Natur

Die Wohnung und auch die Tafel lassen sich ohne großen Aufwand festlich verwandeln. Zu allen Jahreszeiten kann man draußen in der Natur schönen Festschmuck finden:

Vorfrühling

Von einem Spaziergang im Vorfrühling kann man die aufknospenden Zweige von Büschen und Bäumen mitbringen. Sie lassen sich in kleineren oder größeren Gefäßen arrangieren. Wenn es genug Platz gibt, kann man sie z. B. in hohen Vasen, Eimern oder Töpfen an eine geeignete Stelle in der Wohnung oder neben die Eingangstür stellen und evtl. noch mit bunten Büscheln aus Seidenpapier schmücken.

Erste Frühlingsboten, wie z. B. Gänseblümchen und andere Frühblüher gibt es nicht nur draußen auf dem Lande, sondern in jeder Parkanlage. In flache Schalen mit Moos gesteckt sind sie ein schöner Tischschmuck.

Frühling, Sommer

Im Frühling und im Sommer wird das Angebot an Schätzen aus der Natur zunehmend üppiger. Kurz vor dem Festtag kann man bei einem Spaziergang Zweige, Blüten, Blumen, Gräser, Blätter und Pflanzenranken finden. Für die Kinder sind solche Ausflüge eine schöne Einstimmung zum Festtag. Es macht ihnen Spaß, wenn sie dann dieses oder jenes entdecken und auch mitnehmen dürfen.

Herbst

Das reichhaltigste Angebot an Naturmaterialien gibt es natürlich im Herbst. Bunte Blätter, Pflanzenranken wie wilder Wein oder Hopfen, Zweige mit Hagebutten, Holunder, Schlehen, Herbstfrüchte wie Kastanien, Eicheln, Ahornnasen, Bucheckern etc. eignen sich hervorragend als Festschmuck.

Winter

Auch im Winter kann man Schmuck aus der Natur finden. Selbst dann, wenn man nach der Weihnachtszeit keine Nadelzweige mehr sehen mag, lassen sich Weiden- oder Haselnusszweige innerhalb von etwa einer Woche austreiben, wenn man sie in eine Vase mit warmem Wasser stellt. Immergrünen Efeu gibt es das ganze Jahr über. Efeublätter sind ein schöner Tischschmuck, lange Efeuranken sehen dekorativ aus, wenn sie über dem Türstock befestigt werden.

Festschmuck für Eingang und Wohnung

Schmuck am Eingang stimmt die Gäste schon ein, bevor sie in die Wohnung kommen. An der Eingangstür kann ein buntes selbst gemaltes Kinderbild befestigt sein, oder man heftet einen Bogen Packpapier an die Türfront und malt ein «Herzlich willkommen» darauf. Sehr dekorativ sieht es aus, wenn Festschmuck am Türstock befestigt ist.

Bunte Bänder und Blüten

Mit einer kräftigen Schere etwa 30 bis 40 Krepppapierstreifen (2–3 cm breit) gleich von der Rolle herunterschneiden, die Bänder ausrollen, an einem Ende zusammenbinden und mit Hilfe von Reißzwecken oder Pinnnadeln mitten über dem Türstock befestigen. Die Bänder je zur Hälfte locker zur Seite ziehen, so dass sie etwas durchhängen und an den beiden Ecken des Türstocks anheften. Über den Befestigungspunkten einfache Krepppapierblüten feststecken.

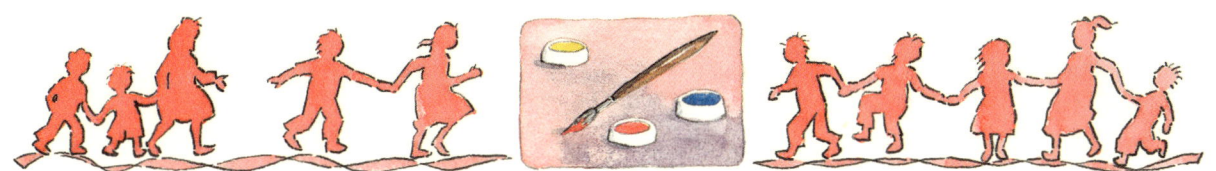

Papierblüten

Je Blume einen Streifen farbiges Krepppapier (ca. 15/150 cm) zuschneiden. Zwischen den Fingerspitzen wird nun der untere Blütenansatz geformt, indem man eine Längsseite des Papierstreifens nach und nach locker zusammenschiebt und dabei dreht. Das zusammengenommene Papier wird fest mit Blumendraht umwickelt. Zum Schluss wird die Blüte oben auseinander gezogen. Sie bekommt Form und Fülle, indem man das Krepppapier zwischen Daumen und Zeigefinger leicht dehnt.

Bunte Papierbänder

Seidenpapier gibt es in Papier- und Bastelgeschäften schon fertig zugeschnitten im Format 50/70 cm. Man wählt das Papier in einer oder mehreren Farben. Die Papierbögen werden zunächst der Längsseite nach geknickt, dann schneidet man sie in

etwa 2 cm breite Streifen. Jeweils 5 bis 7 solcher Streifen werden mit einem Stück Garn kurz unter der Knickstelle zu Büscheln zusammengebunden. Die Büschel werden nun – mehr oder weniger dicht – in gleichmäßigen Abständen an einem beliebig langen dickeren Faden festgeknüpft. Büschelgirlanden können über der Eingangstür aufgehängt oder auch quer durch den Raum gespannt werden.

Blättergirlande

Je Girlande ein Stück festeres Garn von 2 – 4 m Länge in eine Nadel fädeln und nacheinander Blatt für Blatt mit zwei Stichen aufziehen. Blättergirlanden werden an beiden Schnurenden z. B. mit Klebestreifen oder Reißzwecken so befestigt, dass sie locker durchhängen.

Schmuck für die festliche Tafel

Am Festtag wird die Tafel feierlich gedeckt, auch dann, wenn man mit kleinen Kindern feiert. Pflegeleicht und praktisch muss es an anderen Tagen oft genug zugehen. Ist einmal alles ganz besonders fein gemacht, so trägt dies mit dazu bei, ein festliches Gefühl in den Gästen zu wecken. Viele Erwachsene haben schon mit Erstaunen bemerkt, dass Kinder an einem schön gedeckten Tisch ein gepflegteres Benehmen haben als sonst im Alltag.

Zur Feier des Tages wird also eine Tischdecke aufgelegt. Je nachdem, wie viel Platz auf der Tafel ist, kann sie mit Kerzen, Servietten, Blüten, Ranken, mit frischen oder getrockneten Blättern und evtl. auch mit kleinen Figuren geschmückt werden.

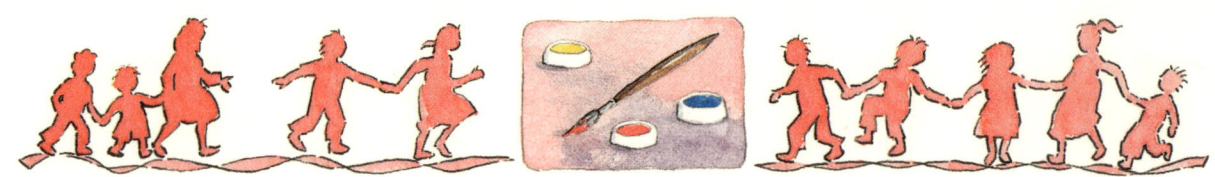

Platzzeiger

Für den Tischschmuck lässt sich das Schöne mit dem Nützlichen verbinden, wenn sich vor jedem Gedeck ein Platzzeiger befindet. Platzzeiger helfen den Kindern beim Auffinden ihrer Sitzplätze und sind zugleich dekorativ.

Bunte Blätter

Für jeden Festteilnehmer braucht man zwei gleichartige Herbstblätter, also z. B. zwei Eichen-, Buchen-, Kastanien-, Ahornblätter. Auf der festlichen Tafel liegt vor jedem Gedeck eine andere Blattart, z. B. als Becheruntersetzer. Von den übrigen Blättern, die alle in einem Körbchen liegen können, wählt sich jedes Kind eines aus und sucht damit seinen Sitzplatz. Vielleicht weiß auch jemand, von welchem Baum das gewählte Blatt ist.
Als Becheruntersetzer für die festliche Tafel kann man auch Papierkreise (Ø ca. 10 cm) oder andere Formen ausschneiden und diese mit Wachsmalkreide bunt einfärben.
 Wer Zeit und Lust hat, kann vor jedes Gedeck eine kleine Figur setzen. Sie kann aus Herbstfrüchten oder aus Marzipan (siehe S. 58) gefertigt werden.

Marzipanfiguren

Schnecke:
Ein etwa walnussgroßes Stück Marzipan zu einer Rolle formen, diese an einem Ende mit fein geschnittenen Mandelsplittern als Fühler versehen und ein leeres, gereinigtes Schneckenhäuschen daraufsetzen.

Igel:
Ein etwa walnussgroßes Stück Marzipan zu einem Ei formen, evtl. mit etwas Kakao bestäuben und als Stacheln fein geschnittene Mandelstifte hineinstecken.

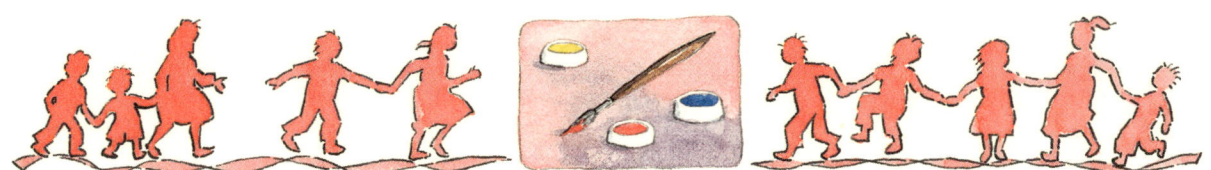

Herbstmännlein

Je Figur eine Kastanie und eine Eichel anbohren und mit Hilfe eines Streichholzstückchens, auf dem ein Pflanzenblatt als Kragen steckt, zusammensetzen. Jedes Männlein bekommt nun eine andersfarbige Kopfbedeckung: Ein quadratisches Stück Seidenpapier wird wie ein Kopftuch zu einem Dreieck gefaltet und als spitze Mütze rings um den Kopf geklebt.

Schiffchen

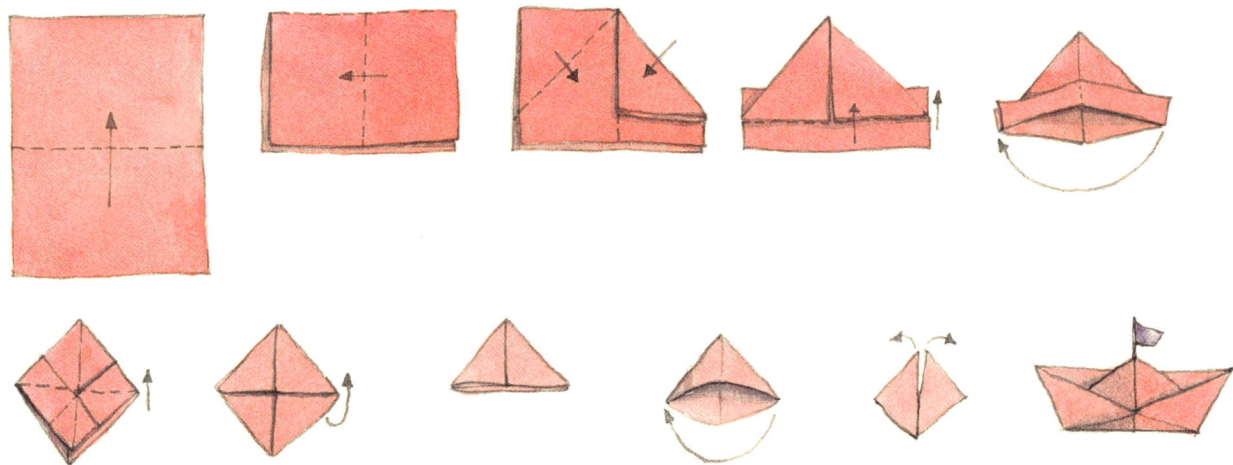

Ein Blatt Papier DIN A6 falten, zu einem Schiffchen auseinander ziehen, in die Spitze einen Zahnstocher mit einem Papierfähnchen stecken.
Faltet man die Schiffchen in verschiedenen Farben, so können sie zu Platzzeigern werden, wenn für jedes Schiff eine jeweils gleichfarbige Fahne vorgesehen ist. Wenn diese vor der festlichen Tafel an die Kinder verteilt wird, finden sie ihren Sitzplatz vor dem Gedeck, bei dem ein Schiffchen in derselben Farbe steht.

Speisen

Die Mutter will heut backen,
drum schickt sie mich schnell her.
Wir brauchen Mehl und Butter,
Zitronen und noch mehr.

Ein halbes Pfund Rosinen,
ein kleines Päckchen Zimt.
Das Geld hab ich im Beutel,
die Mutter sagt, es stimmt.

Aus Österreich

Auswahl der Rezepte

Am Festtag will man genießen, was es sonst nicht gibt. Den Kindern ist es wichtig, dass die Speisen, die bei ihnen zu Hause angeboten werden, gut aussehen und schmecken.

Wenn für die festliche Tafel ausschließlich Backwerk aus Schrot und Korn vorbereitet ist, stößt dies nicht unbedingt auf große Begeisterung. Bei Kinderfesten kann man überall das Gleiche erleben: Wo immer es möglich ist, suchen sich die Gäste das heraus, was am wenigsten gesund aussieht. Wenn es neben einem Vollkornkuchen noch helles Gebäck gibt, kann man sicher sein, dass die Kinder dem hellen den Vorzug geben.

Gebäck und Kuchen sollen sich also durch Wohlgeschmack und schönes Aussehen auszeichnen und dennoch verträglich sein. Nach Auskunft von Kinderärzten gibt es immer mehr Kinder, denen z.B. Zucker oder Weizen nicht bekommt.

Bei der Auswahl der Rezepte ging es vor allem darum, Vollwertiges so zuzubereiten, dass es die Kinder auch «anlacht». Als Süßungsmittel für das Festtagsgebäck hat sich unter den verschiedenen Sirup-Arten und Honigsorten vor allem Akazienhonig bewährt. Er hat sehr gute Backeigenschaften, und er ist fast neutral im Geschmack. Wenn es nicht gerade ein Schokoladenteig ist, lässt sich damit ein schöner, goldgelber Kuchen backen, wie ihn sich die Kinder zum Festtag wünschen.

Die beiden hier angegebenen Rezepte mit Zucker können, bei gleicher Backqualität, alternativ mit Vollrohrzucker gesüßt werden.

Festlich angerichtetes Gebäck

Das Sprichwort «Man isst auch mit den Augen» gilt natürlich besonders für alle Speisen, die am Festtag angeboten werden. Die Kuchen werden nach Belieben glasiert, geschmückt und schön angerichtet. Eine glasierte Torte lässt sich nach Belieben mit Krokant, mit kleinen Gebilden aus Marzipan oder anderen Süßigkeiten und natürlich mit Kerzen verzieren. Auf diese Weise bekommt auch ein einfaches Kuchenrezept ein festliches Gesicht.

Butterglasur:

75 g Butter
1 ½ El. Akazienhonig
2 Teel. Kakao oder 2 El. Carob

Butter und Honig bei geringer Hitze schmelzen lassen, gesiebtes Kakao- oder Carobpulver dazugeben, glattrühren. Falls die Butter versehentlich zu flüssig geworden ist, den Topf kurz in ein kaltes Wasserbad stellen und alles zu einer streichfähigen Masse rühren.

Schokoladenglasur:

100–125 g zerbröckelte Zartbitter- oder Vollmilchschokolade wird mit 1 El. Kokosfett in einer Schüssel über Wasserdampf erweicht, glatt gerührt und auf die ausgekühlte Torte gestrichen.

Vollmilch- und Bitterschokolade ist, bei Bedarf, im Handel auch mit Vollrohrzucker gesüßt erhältlich. Bei Schokolade, die mit Succanat gesüßt ist, muss man die doppelte Menge Kokosfett zugeben, damit eine streichfähige Glasur entsteht.

Krokant

1 El. Butter
3 El. Akazienhonig
1 Tasse gepufften Amaranth

Honig und Butter in ein Stielpfännchen geben, mit einem Schneebesen glatt rühren und unter ständigem Umrühren erhitzen. Die Masse aufschäumen lassen, gleich vom Feuer ziehen, noch ein wenig weiter rühren und den Amaranth dazugeben. Die Masse auf ein gefettetes Butterbrotpapier oder auf Backpapier streichen und im Kühlschrank erstarren lassen. Nach etwa einer halben Stunde ist der Krokant fest und lässt sich in Stückchen teilen.

Honig-Marzipan

100 g abgezogene, fein gemahlene Mandeln
1 – 2 gestr. EL Akazienhonig
1 Teel. Rosenwasser

Alle Zutaten miteinander verkneten, kleine Gebilde daraus formen.

Marzipanrübchen

Für 12 Rübchen zum Verzieren einer Rübli-Torte (s. Seite 65) braucht man etwa die Hälfte des oben angegebenen Honigmarzipans.

Die Rübchen können mit Lebensmittelfarbe in leuchtendes Orangerot mit grünem Blattansatz verwandelt werden oder man färbt sie mit ein wenig ausgepresstem Mohrrübensaft in ein zartes Orange und steckt einen gespaltenen Pinienkern hinein.

Marzipan-Plätzchen

Marzipan ausrollen, mit kleinen Förmchen Plätzchen ausstechen und bei 150 Grad im vorgeheizten Ofen ca. 5 Minuten backen.

Marzipankartoffeln

Den Marzipanteig zu kleinen Kugeln formen und in etwas gesiebtem Kakao oder Carob wälzen.

Blätter und Glückssymbole aus Schokolade

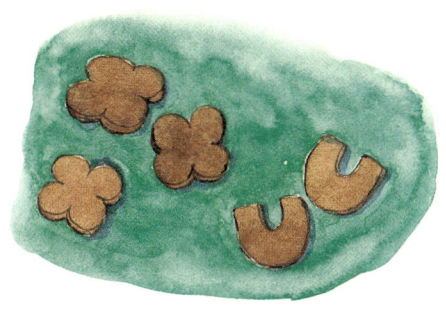

Man sucht draußen in der Natur einige kleinere, feste grüne Blätter. Die Blätter werden mit einem feuchten Läppchen gut abgewischt und anschließend bestrichen:

30–50 g erweichte Schokolade mit einem nicht zu breiten weichen Borstenpinsel oder mit einem Messer auf die Blätter streichen. Die bestrichenen Blätter für etwa 20 Minuten ins Tiefkühlfach legen. Danach lassen sich die grünen Blätter leicht von der Schokolade abziehen.

Glückssymbole, wie beispielsweise Kleeblätter und Hufeisen oder auch Sternzeichen werden auf die gleiche Weise hergestellt. Als Unterlage zum Bestreichen werden entsprechende kleine Formen aus Backpapier ausgeschnitten.

Geburtstagskerzen

Zum Schluss wird der Geburtstagskuchen noch mit Kerzen geschmückt: eine Kerze für jedes Lebensjahr kann mit Kerzenblüten als Tropfschutz versehen werden.

Kerzenblüten:
Aus Alufolie oder aus Goldpapier für jede Kerze ein Quadrat von 8 cm Seitenlänge ausschneiden. Damit sich dieses nach dem Falten leichter auseinander ziehen lässt, legt man ein ebenso großes Stück Schreibpapier darüber, faltet die Quadrate zu einer Tütenform, schneidet eine Blattform aus und faltet sie auf. Als Kerzenblüte wird nur die entstandene Blütenform

aus Alufolie oder Goldpapier verwendet. Nachdem sie rings um den unteren Rand der Kerze festgedrückt wurde, zieht man die Blütenblätter etwas nach außen.

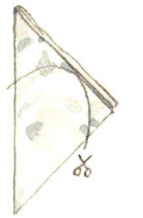  

Die mit Tropfschutz versehenen Kerzen werden so tief in den Kuchen gesteckt, dass sie einen guten Halt haben.

Die festlich verzierte Torte servieren

Den Kuchen auf einer besonderen Unterlage servieren. Auf der Tortenplatte können Ahornblätter, Weinblätter, Farnblätter oder Efeublätter so verteilt werden, dass sie noch etwas über den Rand hinaushängen, wenn die Torte draufsitzt. Festlich sieht auch ein zurechtgeschnittenes Papier aus, das den unteren Rand der Torte umkränzt.

Tortenpapier

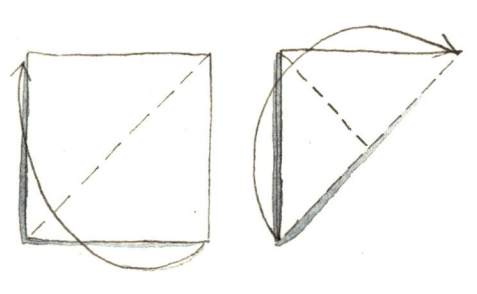

Aus Schnittmusterpapier ein Quadrat mit 37 cm Seitenlänge zuschneiden und dieses viermal zu einer spitzen Tütenform falten, abschneiden und im oberen Bereich mit zacken- und bogenförmigen Einschnitten versehen.

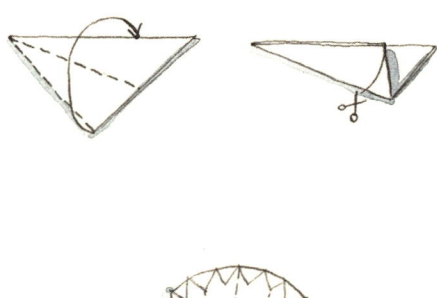

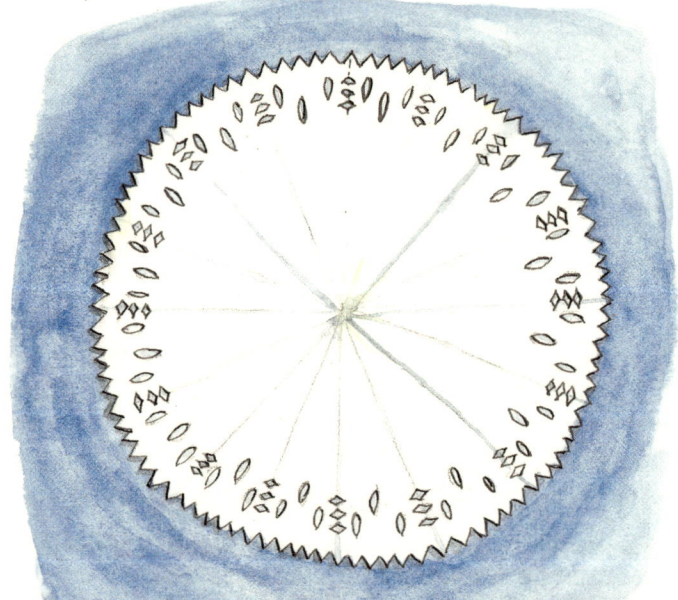

Rezepte für den Festtag

Schokoladentorte

175 g Bitterschokolade
125 g Butter
70 g Honig
5 Eier getrennt
1 Prise Salz
125 g Semmelbrösel
2 Teel. Weinsteinbackpulver

Zum Füllen: Aprikosenmarmelade

Die Butter bei geringer Hitze schmelzen lassen, in eine Schüssel füllen, gleich die in Stückchen zerteilte Schokolade dazugeben und glatt rühren. Den Honig und die Eigelb einrühren und alles mit dem Mixer zu einer dicken, cremigen Masse schlagen. Die mit einer Prise Salz steif geschlagenen Eiweiß zusammen mit den Semmelbröseln und dem gesiebten Backpulver unterheben.

Die Masse in eine gefettete, bemehlte Springform (Ø 26 cm) füllen und bei 160 Grad ca. 40 Minuten im vorgeheizten Backofen auf der unteren Schiene backen.

Die ausgekühlte Torte einmal durchschneiden und mit Aprikosenmarmelade füllen. Mit Schokoladenglasur überziehen und nach Belieben verzieren.

Mandeltorte

180 g Akazienhonig
5 Eier getrennt
1 Prise Salz
250 g geriebene Mandeln
1 Teel. Weinsteinbackpulver

Die Eigelb mit dem Honig so lange schlagen, bis eine dicke, cremige Masse entsteht.

Das mit einer Prise Salz steif geschlagene Eiweiß mit den Mandeln und dem gesiebten Backpulver vorsichtig unterheben. Die Masse in eine gebutterte, mit Semmelbröseln bestäubte Form (Ø 26 cm) geben und bei 160 Grad im vorgeheizten Ofen ca. 40 Minuten backen.

Die Torte schmeckt besonders gut mit einem Überzug aus Vollmilchschokolade.

Guglhupf

250 g Butter
250 g Honig
4 Eier
½ abgeriebene Zitronenschale
300 g Weizenmehl Typ 1050
1 Päckchen Weinsteinbackpulver
4 El. Wasser
2 El. Kakao
1 El. Honig

Eine große Guglhupfform reichlich mit Butter einfetten und mit Mehl bestäuben.

Weiche Butter mit dem Honig schaumig schlagen, nach und nach die Eier einrühren, abgeriebene Zitronenschale und 2 El. Wasser dazugeben, gesiebtes Mehl und Backpulver untermengen. Etwa zwei Drittel der Teigmenge in die vorbereitete Form füllen. Den Rest des Teiges mit gesiebtem Kakao, 1 El. Honig und 2 El. Wasser mischen und in den hellen Teig verteilen. Ein Marmormuster entsteht, wenn man nun eine Gabel spiralenförmig durch beide Teigschichten zieht.

Auf der unteren Schiene bei 160 Grad im vorgeheizten Ofen etwa 50 Minuten backen. Den ausgekühlten Guglhupf nach Belieben glasieren und verzieren.

Joghurtkuchen

1 Becher Joghurt (150 ml)
3 Eier
3 Becher Weizenmehl Typ 1050
2 Becher (Voll-) Zucker
¾ Becher Öl von neutralem Geschmack
abgeriebene Schale einer Zitrone
1 Päckchen Weinsteinbackpulver

Alle Zutaten in eine Schüssel geben und mit einem Schneebesen gut vermischen. Den Teig in eine ausgebutterte und mit Mehl bestäubte Tortenform (Ø 26 cm) füllen und bei 175 Grad auf der unteren Schiene backen. Die ausgekühlte Torte nach Belieben glasieren und verzieren.

Preiselbeertorte

4 Eier getrennt
1 Prise Salz
90 g Akazienhonig
70 g Buchweizenmehl
2 gestr. Teel. Backpulver

Füllung:
½ Glas Preiselbeeren (ca. 200 – 250 g),
200 ml Becher süße Sahne

Verzierung:
100 – 200 ml geschlagene Sahne, geraspelte Schokolade, Preiselbeertupfer

Springform (Ø 26 cm), ausgebuttert und mit Mehl bestäubt.

Die Eiweiß mit 1 Prise Salz steif schlagen, in den Kühlschrank stellen, nun die Eigelb mit dem Honig so lange schlagen, bis eine dicke, cremige Masse entstanden ist, das geschlagene Eiweiß darübergleiten lassen und zusammen mit Mehl und gesiebtem Backpulver vorsichtig unterheben. Die Teigmasse in die Form füllen und bei 160 Grad im vorgeheizten Ofen ca. 15 bis 20 Minuten auf der unteren Schiene des Backofens backen.

Die ausgekühlte Torte kann gut verpackt ein bis zwei Tage im Kühlschrank aufbewahrt werden. Sie wird dann am Vorabend vor dem Fest gefüllt: Einmal durchschneiden, Sahne steifschlagen (sie wird auch ohne Zusatzmittel schön fest, wenn man sie in einer Metallschüssel schlägt, die für ca. ½ Stunde im Kühlschrank kalt gestellt wurde), die untere Tortenscheibe mit der Sahne bestreichen, reichlich Preiselbeeren darüber verteilen und obere Tortenscheibe darübersetzen.

Geschmückt wird die Torte möglichst erst am Festtag: Sie wird rundum mit fest geschlagener Sahne überzogen, mit Preiselbeertupfern verziert und mit geraspelter Schokolade bestreut.

Butterplätzchen

400 g Dinkelmehl
300 g Butter
200 g Akazienhonig

Alle Zutaten mit der Hand zu einem ganz weichen Teig verkneten (am besten abends) und über Nacht in den Kühlschrank stellen. Am nächsten Tag aus dem Teig eine Rolle formen (Ø 3 – 5 cm), dünne Scheiben davon abschneiden und bei 180 Grad ca. 15 Minuten backen.

Die Butterplätzchen lassen sich gut schon eine Woche vor dem Fest herstellen und in einer Blechdose aufbewahren.

Linzertorte

250 g Butter
250 g Weizenmehl Typ 1050
1 gestr. Teel. Weinsteinbackpulver
100 g Akazienhonig
1 Teel. Zimt
10 zerstoßene Nelken
abgeriebene Schale einer halben Zitrone
250 g ungeschälte geriebene Mandeln
1 Eigelb

zum Füllen:
250 g Himbeermarmelade

Springform (Ø 26 cm), ausgebuttert und mit Mehl bestäubt.
Die Butter in Flöckchen schneiden, Mehl, Backpulver, Honig, Mandeln und Gewürze dazugeben und alles zwischen den Fingern zu einem Mürbteig verarbeiten, etwa ½ Stunde im Kühlschrank ruhen lassen. Zwei Drittel der Teigmenge abteilen, leicht auswellen, die Springform damit auslegen, den Teig seitlich etwas hochdrücken, den Teigboden mit Himbeermarmelade bestreichen.

Restlichen Teig dünn auswellen, mit einem Teigrädchen etwa 1,5 cm breite Streifen ausradeln und den Kuchen gitterartig damit belegen. Aus Teigresten ringsum einen Rand formen, Rand und Gitter mit glatt gerührtem Eigelb bestreichen.

Die Torte auf der unteren Schiene ca. 45 Minuten bei 150 Grad backen. Diese Torte braucht 1 – 2 Tage Zeit zum Durchziehen. Sie schmeckt dann besser als frisch.

Rüblitorte

300 g Mohrrüben
5 Eier
1 Teel. Rum oder Zitronensaft
5 El. heißes Wasser
150 g Akazienhonig
250 g gemahlene Haselnüsse
80 g Semmelbrösel
1 Päckchen Backpulver, gesiebt
1 Teel. Zimtpulver
abgeriebene Schale einer Zitrone

Springform (Ø 26 cm) ausgebuttert, mit Semmelbröseln bestreut.

Für die Zubereitung eine möglichst große Schüssel wählen, da der Teig sehr voluminös wird. Alle Zutaten bereitstellen. Die Möhren putzen und auf einer mittelfeinen Reibe reiben. Die Eier trennen, Eiweiß steif schlagen und einstweilen in den Kühlschrank stellen. Die Eigelb mit dem Mixer schlagen, esslöffelweise das heiße Wasser zugeben, sobald eine schaumige Masse entstanden ist, nach und nach den Honig zugeben, weiter zu einer dicken Creme schlagen, abgeriebene Zitronenschale und Zimtpulver untermischen. Eischnee über die Eigelbcreme gleiten lassen, Brösel, Haselnüsse, Rum oder Zitronensaft, Mohrrüben und gesiebtes Backpulver darübergeben und alles vorsichtig mischen. Die Masse in die vorbereitete Form füllen. Auf der unteren Backofenschiene bei 160 Grad ca. 45 Minuten im vorgeheizten Backofen backen.

Die fertig gebackene Torte erkalten lassen. Unglasiert und gut verpackt 2 bis 3 Tage im Kühlschrank aufbewahren. Sie schmeckt dann besonders saftig. Die Torte wird nun mit einem Guss nach Wahl überzogen und mit kleinen Mohrrüben aus Marzipan (s. Seite 58) verziert.

Kuchen für größere Gesellschaften

Wenn eine größere Gesellschaft geladen ist, ist der Bedarf an Speisen oder Gebäck für die festliche Tafel natürlich entsprechend groß. Ideal ist es da, Rezepte zur Hand zu haben, die sich schnell und einfach zubereiten lassen und die außerdem gut schmecken. Gebäckstücke, wie z.B. Butterkuchen oder Amerikaner sind ein Schlager bei jedem Kinderfest.

Amerikaner

100 g Butter
100 g Akazienhonig
2 Eier
1 Prise Salz
2 El. Milch
abgeriebene Schale einer Zitrone
50 g Speisestärke
150 g Weizenmehl Typ 1050
3 gestr. Teel. Backpulver

Weiche Butter mit Honig, Eiern und Salz schaumig rühren, Milch, abgeriebene Zitronenschale dazugeben. Speisestärke, Mehl und Backpulver sieben und untermischen.

Pro Backblech je 12 esslöffelgroße, runde Teighäufchen verteilen – möglichst große Zwischenräume lassen, der Teig geht sehr auf! Die Amerikaner werden auf mittlerer Schiene 8 – 10 Min. im vorgeheizten Backofen bei 160 Grad gebacken.

Die Teigmenge ergibt 24 Stück. Ausgekühlt werden die Amerikaner auf der Unterseite mit Zucker- oder Schokoladenglasur bestrichen.

Butterkuchen

Backofen auf 160 Grad vorheizen

Teigboden:
3 Eier
150 g (Voll-) Zucker
1 Becher sauren Rahm (250 g)
250 g Weizenmehl Typ 1050
1 Päckchen Weinsteinbackpulver

Belag:
150 g Butter
150 g (Voll-) Zucker
120 – 150 g Mandelblättchen
3 – 4 El. Milch

Zunächst alle Zutaten für den Teigboden mischen, auf dem gut eingefetteten Backblech glatt streichen und auf der unteren Schiene ca. 15 Minuten backen.

Inzwischen den Belag vorbereiten: Butter auf kleiner Flamme zerlassen und mit den restlichen Zutaten verrühren. Das Blech mit dem vorgebackenen Teigboden nach ca. 15 Minuten Backzeit herausnehmen, Belag gleichmäßig darüber verteilen und noch einmal ca. 15 Minuten weiterbacken. Den Butterkuchen noch warm in Stücke schneiden.

Rote Grütze

Rote Grütze lässt sich aus zwei oder mehreren Sorten sommerlicher Früchte zubereiten: entsteinte Kirschen, Stachelbeeren, rote bzw. schwarze Johannisbeeren, Himbeeren und Brombeeren. Diese bei Kindern sehr beliebte Leckerei sieht besonders einladend aus, wenn sich darin noch Früchte erkennen lassen, darum behält man von den weicheren Beeren, wie z.B. Himbeeren oder roten Johannisbeeren 1 – 2 Tassen zurück und gibt sie erst nach dem Aufkochen zur Früchtemasse.

1 kg gemischte und geputzte Früchte (frisch oder tiefgefroren), ½ l Wasser, 4 geh. El. Speisestärke – Süßen nach Belieben.

Von dem Wasser etwa 6 El. abnehmen, die Speisestärke darin glatt rühren, das restliche Wasser in einen Topf füllen, die Früchte (bis auf 2 Tassen voll Himbeeren und Johannisbeeren) dazugeben, alles aufkochen lassen und nach Geschmack süßen. Die Früchte mit einem Kartoffelstampfer etwas zerdrücken, den Topf von der heißen Herdplatte nehmen, die glatt gerührte Speisestärke dazugeben. Den Topf wieder auf den Herd setzen, alles kräftig durchrühren und nochmals aufkochen lassen. Wenn die Grütze nun Blasen schlägt, die zurückbehaltenen Beeren einrühren und die Grütze in eine Schüssel füllen.

Zum Darübergießen kann man flüssige Sahne oder eine Joghurt-Vanillesoße bereitstellen.

Joghurt – Vanillesoße

500 g Naturjoghurt
200 ml süße Sahne
ein Päckchen Vanillezucker

Die Sahne steif schlagen, mit Joghurt und Vanillezucker verrühren.

Salzgebäck

Neben süßen Naschereien findet am Festtag auch Salziges großen Zuspruch. Passend für die festliche Tafel sind vor allem kleine salzige Häppchen. Nachfolgend einige Rezepte, die bei Kindern sehr beliebt sind und sich mühelos herstellen lassen.

Gefüllte Kipferl

150 g abgetropfter Magerquark
125 g zerlassene Butter
1 Teel. Kräutersalz
150 g Weizenmehl Typ 1050
1 Teel. Backpulver
1 Eigelb zum Bestreichen

Füllung nach Belieben:

Käse- und/oder Schinkenwürfelchen und/oder fein geschnittene Kräuter, evtl. auch mit etwas gesalzenem Magerquark angerührt, oder fertige Pastete.

Quark mit der Butter glatt rühren, Salz dazugeben, das mit Backpulver vermischte Mehl darübersieben und alles vermengen. Den Teig ca. 30 Minuten im Kühlschrank ruhen lassen, dann halbieren. Auf einer bemehlten Fläche erst die eine und dann die andere Hälfte des Teiges zu einer runden Teigplatte Ø ca. 35 cm ausrollen und diese mit einem Teigrädchen wie eine Torte in zwölf Stücke schneiden. Nacheinander auf das obere Drittel jedes Dreiecks etwas Füllung geben. Die Dreiecke von der Breitseite zur Spitze hin aufrollen, zu Kipferln biegen und mit Eigelb bestreichen, auf ein vorbereitetes Backblech legen und an der Oberseite mit einem Zahnstocher einige Male einstechen. Bei 175 Grad auf der mittleren Schiene ca. 20 – 25 Minuten backen.

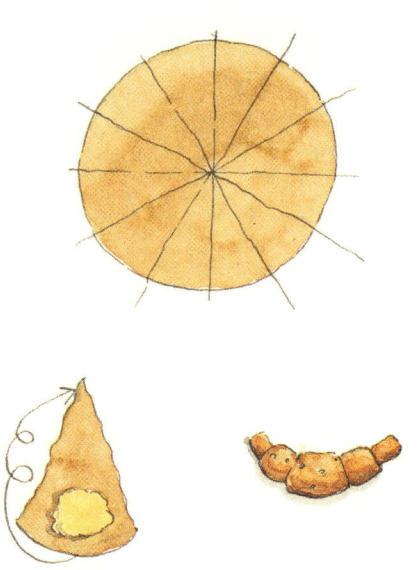

Käserädchen

300 g Vollkornblätterteig
3 El. zerlassene Butter
1 Eigelb
2 – 3 El. Milch
30 g geriebener Parmesan

zum Bestreuen:
Sesam, Kümmel oder Mohn

Den aufgetauten Vollkornblätterteig mit zerlassener Butter bestreichen, die gebutterten Seiten aufeinander legen und auf einer bemehlten Fläche gut messerrückendick zu einem Rechteck ausrollen. Eigelb mit Milch glatt rühren, die Teigfläche damit bestreichen und gleichmäßig mit Parmesan bestreuen. Den Käse mit den Handflächen leicht andrücken, damit er nicht abbröselt. Mit einem Teigrädchen oder Messer Quadrate von ca. 5 – 6 cm Seitenlänge abteilen und diese einschneiden. Die bezeichneten Ecken zur Mitte legen und festdrücken. Jedes Käserädchen mit Eigelbmischung bepinseln und wahlweise mit Sesam, Kümmel oder Mohn bestreuen. Die Gebäckstücke auf ein Backblech legen, das mit kaltem Wasser abgespült wurde, und nun noch etwa 20 Minuten ruhen lassen. Anschließend im vorgeheizten Backofen auf der mittleren Schiene bei 200 Grad etwa 15 Minuten goldgelb backen.

Käserädchen schmecken am besten frisch aus dem Ofen. Man kann sie aber auch schon einige Tage vor dem Fest zubereiten und in einer gut verschließbaren Dose im Kühlschrank aufbewahren. Für die festliche Tafel werden sie dann vor dem Erscheinen der Gäste noch einmal auf ein Backblech gelegt und kurz in den gut vorgeheizten Backofen oder unter den Grill geschoben.

Kleine Windbeutel

100 ml Wasser
1 Prise Salz
30 g Butter
75 g Weizenmehl Typ 1050
1 Ei
1 Msp. Honig

Wasser und Salz in einem Topf zum Kochen bringen, den Topf vom Feuer ziehen, das Mehl hineinschütten und mit einem Holzlöffel so lange rühren, bis sich eine Teigkugel bildet. Die Teigkugel in eine Schüssel geben, wenn sie etwas abgekühlt ist, mit dem Honig und dem Ei vermengen, bis sich alles zu einer gleichmäßigen Masse verbunden hat.

Mit Hilfe von zwei Teelöffeln walnussgroße Häufchen auf ein gefettetes Backblech setzen. Die Windbeutel bei 200 Grad im vorgeheizten Backofen ca. 10 – 15 Minuten auf der mittleren Schiene backen.

Die fertigen, ausgekühlten Windbeutel werden waagerecht einmal durchgeschnitten und mit Creme gefüllt.

Creme zum Füllen:
1 mittelgroße Karotte
1 Teel. Butter
1 Tasse Wasser
Kräutersalz
100 g Frischkäse
1 El. Sesam

Die geputzte Karotte in kleine Stücke schneiden und leicht in Butter anschwitzen, mit Wasser aufgießen und zugedeckt weich kochen. Nun erst etwas Kräutersalz dazugeben, evtl. verbliebenes Wasser im offenen Topf bei größerer Hitze einkochen. Die abgekühlten Karottenstücke mit dem Mixstab pürieren und mit Frischkäse vermischen, evtl. noch mit etwas Kräutersalz abschmecken. Vor dem Zusammensetzen werden die Windbeutel mit etwas leicht angeröstetem Sesam bestreut.

Geschenke

Geburtstagswünsche

Ich wünsch mir einen Flederwisch,
der hinterm Ofen kräht.
Ich wünsch mir einen Zuckerbaum
und ein Bananenbeet.
Ich wünsch mir eine Geisterbahn
mit freundlichen Gespenstern.

Ich wünsch mir einen Bauernhof
mit eckigrunden Fenstern.
Ich wünsch mir einen bunten Schal,
lang wie ein Gartenschlauch.
Ich wünsch mir einen Pinguin
mit Tupfen auf dem Bauch.

Georg Bydlinski

Zu einem Geburtstag gehören auch Geschenke. Dieser Brauch ist den Kindern vertraut. Sie hoffen dann, dass der eine oder andere Wunsch an diesem Tag erfüllt wird. Wird man das, was man sich wünscht, auch bekommen oder nicht? Das Warten kann eine spannende Sache sein, wenn die Erwachsenen es aushalten, nicht jedem Wunsch, den ein Kind äußert, sofort entgegenzukommen.

Mehr desselben

Kinder haben ein feines Gespür dafür, wie man es anstellen muss, um die Eltern zu erweichen, und sie können durchaus daran gewöhnt werden, das, was sie gerne haben möchten, gleich zu bekommen. Noch ein Stofftier, ein Spielfahrzeug … etc. Wenn die Wünsche unverzüglich erfüllt werden, wird ein augenblickliches Wollen befriedigt. Es regt sich dann, wie Paul Watzlawick schreibt, der Drang nach dem «mehr desselben».[2] Die Kinder geben trotzdem keine Ruhe. Immer wieder fällt ihnen etwas ein, was sie unbedingt haben möchten. Auch wenn man es ihnen über kurz oder lang gibt, fällt auf, dass sie weder zufriedener noch glücklicher sind als andere, die nicht gleich alles bekommen, was sie haben möchten.

Eine Mutter berichtet, wie sie sich einmal über ihren vierjährigen Sohn ärgerte, der sich eine bestimmte Spielfigur wünschte und diese unbedingt sofort haben wollte. Sie erzählt, wie sie sich erst darüber ärgerte, aber «dann – ich weiß nicht, wie ich auf den Gedanken kam – zog ich Stift und Papier aus meiner Tasche und begann zu schreiben. Jason fragte, was ich da tue. Ich sagte: ‹Ich schreibe, dass Jason sich wünscht, einen Dinosaurier zu besitzen.› Er starrte mich an und meinte: ‹Und auch ein Prisma.› Dann tat er etwas, was mich einfach umwarf. Er lief zu seiner Schwester, die die ganze Szene beobachtete und rief: ‹Leslie, sag Mama, was du willst. Sie schreibt es auch für dich auf.› – Und ob sie es glauben oder nicht, damit war die Sache vorbei … Seitdem habe ich die Idee oft angewandt … Immer, wenn Jason auf etwas zeigt, was er will, hole ich Stift und Papier heraus und schreibe alles auf einen Wunschzettel. Das scheint ihn zu befriedigen – und das bedeutet auch nicht, dass ich ihm diese Dinge kaufen muss.»[3]

Vom Land der Wünsche

Der Vater sitzt auf einer Bank am Spielplatz. Florian soll ein bisschen frische Luft haben und spielen. Jetzt hat er entdeckt, was für einen tollen Traktor der Bub dort hinten hat. Eine Weile steht er daneben und schaut zu, wie der andere ihn herumschiebt. Er läuft zum Vater und zeigt auf das Spielzeug: «Schau mal», sagt er, «ich will auch so einen Traktor! – Bitte!» – «Jetzt nicht!», sagt der Vater. – «Aber ich krieg schon einen – zum Geburtstag – ja?» – «Du kannst ihn dir ja mal wünschen», sagt der Vater, «im Wunschland gibt es alles, das weißt du doch.» – Florian hüpft davon.

Eine Frau, die neben dem Vater auf der Parkbank sitzt, ereifert sich: «Was die Kinder heutzutage alles wollen. Ich weiß ja auch nicht, wo das noch einmal hinführen soll!» Sie versucht mit dem Vater ins Gespräch zu kommen. Als der nicht antwortet, fängt sie wieder an: «Jetzt kaufen sie ihm sicher auch so einen Traktor. Die Kinder bekommen doch heute alles, was sie wollen. Sie brauchen ja nur noch den Mund aufzumachen.» Der Vater will nicht darauf eingehen, aber die Frau neben ihm gibt keine Ruhe. «Kennen Sie nicht das Land der Wünsche?», fragt er schließlich.

Die Frau müht sich, ein Lächeln hervorzubringen. Sie weiß jetzt nicht so recht. – Der Vater fährt fort: «Wünschen darf man doch – oder? Vielleicht habe ich gar nicht vor, so einen Traktor zu kaufen, aber warum soll ich dem Buben das erklären? Wenn sich Kinder einbilden, dass sie irgendetwas haben wollen, dann kann man sowieso nicht mehr vernünftig mit ihnen reden – und außerdem versteh' ich's ja, dass sie sich dieses oder jenes wünschen. – Wir waren doch genauso als Kinder. Wir wollten doch auch alles Mögliche

haben – oder war das bei Ihnen nicht so?» – «Hm», sagt die Frau, «aber trotzdem, das war doch alles noch viel bescheidener.»

– «In unserer Familie darf sich jeder alles wünschen», sagt der Vater, «das Land der Wünsche – so sage ich immer – das Land der Wünsche ist unermesslich groß. – Man weiß eben nur nicht, ob man das bekommt, was man haben will und so ist es für die Kinder immer noch spannend.» Die Frau nickt: «Ja eben, das mein' ich ja! Es muss doch auch noch spannend sein, ob man etwas bekommt oder nicht, sonst ist doch alles nur noch selbstverständlich.» – «Ich habe ebenfalls verschiedene Wünsche», sagt der Vater. «Wissen Sie, was ich jetzt gerne hätte? Ich wünsche mir Erdbeeren mit Sahne.» Die Frau schmunzelt. – «Oh – das wäre eine feine Sache.»

Vom Schenken

Zum Geburtstag komm ich gern.
Viel Glück, das wünsch ich dir!
Ich hab für dich was eingepackt,
mit Schleifen und Papier.

Ein Gastgeschenk

Ein Kind ist zu einem Geburtstag geladen. Da taucht gleich die Frage auf, welches Geschenk es mitbringen könnte. Soll es etwas selbst Gefertigtes sein oder etwas Gekauftes – und wenn man etwas kauft, was soll man da aussuchen?

Also erkundigt sich die Mutter bei ihrem Sprössling: «Was möchtest du denn mitbringen?» Ohne Zögern kommt die Antwort: «Kaufst du etwas? – bitte!» – «Hm …?» – «Ja, alle machen das so! Alle kaufen irgendwas!» – «Irgendwas kaufen … es soll doch ein Geschenk sein, das deinem Freund Freude macht, nicht nur irgendwas.» – «Ja, mein ich doch.» – «Und weißt du, was er gerne haben könnte?» – Der Bub schlägt vor, ein schönes Bilderbuch oder ein Spiel zu kaufen. – «Wie …? So etwas Großes? Ich habe eigentlich an eine Kleinigkeit gedacht», meint die Mutter. Sie ist jetzt unsicher. Vorsichtshalber ruft sie bei der Gastgeberfamilie an und erkundigt sich, wie sie es mit dem Geschenk halten sollte. – «Ganz etwas Einfaches», heißt es da. «Nur nicht zu sehr verwöhnen. Am liebsten etwas selbst Gemachtes.»

Wenn sich Eltern untereinander austauschen, kann man den Eindruck haben, dass eigentlich niemand möchte, dass großartige Dinge eingekauft und verschenkt werden: «Ich bin auch dagegen, dass die Kinder teure Geschenke mitbringen.» – «Ja, man muss sich dann nur revanchieren und mindestens auch so etwas Großes kaufen.»

Allen Vorhaben zum Trotz wird dann letzten Endes meistens doch ein aufwendiges Geschenk besorgt. Es soll nicht der Eindruck entstehen, dass man es sich nicht leisten könnte, etwas zu kaufen. Manchmal wird sogar nachträglich noch etwas dazu gegeben. Denn kleinlich erscheinen, das will nun wirklich niemand. Ein Geschenkzwang entsteht, den im Grunde keiner will der aber trotzdem mitgemacht wird.

Großartige Geschenke

Emil kommt von einer Geburtstagsfeier nach Hause und erzählt, welche großartigen Geschenke «alle» anderen mitgebracht hätten. Die Mutter, die ihrem Sohn nur eine Kleinigkeit mitgegeben hatte, fühlt sich betroffen: «Oh, das habe ich nicht gewusst!» – Sie will den anderen Eltern nicht nachstehen. Noch am gleichen Abend ruft sie beim Geburtstagskind an und sagt, dass sie keine Zeit gehabt hatte, ein richtiges Geschenk zu besorgen: «Ich kauf dir noch etwas, ja! Der Emil bringt es dir dann.»

Das persönliche Geschenk

Es besteht kein Grund für Eltern, sich verunsichern zu lassen. Wenn das eigene Kind zu einem Fest geladen ist, dann geht es vor allem darum, herauszufinden: Was passt zu dem anderen, womit könnte man ihm eine kleine Freude machen. Eine liebevoll ausgewählte Aufmerksamkeit ist als Gastgeschenk immer genug.

Prestigegeschenke, die zeigen, was man sich leisten kann, sind unnötig, auch dann, wenn der eigene Sprössling zu einem Kind eingeladen ist, das einfach alles hat. Ob es nun noch eine gekaufte Sache mehr oder weniger erhält, darauf kommt es nun wirklich nicht an. Eine originelle Kleinigkeit kann dagegen eine echte Überraschung sein.

Selbst Gefertigtes oder Gekauftes?

Wenn die Eltern ihre Kinder veranlassen wollen, selbst ein Geschenk zu fertigen, dann verbinden sie damit meistens auch ein Anliegen: Das Schenken soll vor allem Angelegenheit des Überbringers sein. Man möchte es dem Kind nicht zu leicht machen. Man will nicht, dass es sich nur darauf verlässt, dass Mutter oder Vater etwas kaufen werden. Das Geschenk soll kein beziehungsloser Gegenstand sein, sondern eine eigene persönliche Note haben.

Etwas Persönliches lässt sich mit jedem Geschenk verbinden, auch dann, wenn aus diesem oder jenem Grunde das Gekaufte dem selbst Gefertigten vorgezogen wird.

Goldener Mittelweg

Das gekaufte Geschenk bekommt eine eigene Note, wenn es mit einer kleinen persönlichen Beigabe versehen oder in selbst gestaltetes Geschenkpapier eingewickelt wird (s. Seite 93 – 98).

Auch gekaufte Kleinigkeiten, wie z. B. ein Bleistift, eine Tafel Schokolade, lassen sich in pfiffige Geschenke verwandeln, wenn man sie originell verpackt.

Geschenkideen zum Selbermachen

Mitbringsel, die Kinder selbst fertigen, müssen nicht selbst gestrickt und hausbacken aussehen. Es gibt eine ganze Menge attraktiver Kleinigkeiten, die man mit wenig materiellem und zeitlichem Aufwand vorbereiten kann und über die sich auch Kinder freuen, die «alles» haben. Ein persönliches Geschenk für einen Geburtstag kann ein gebackener Hefeteigtaler sein, der mit einem entsprechenden Sternzeichen geschmückt ist.

Sternzeichen

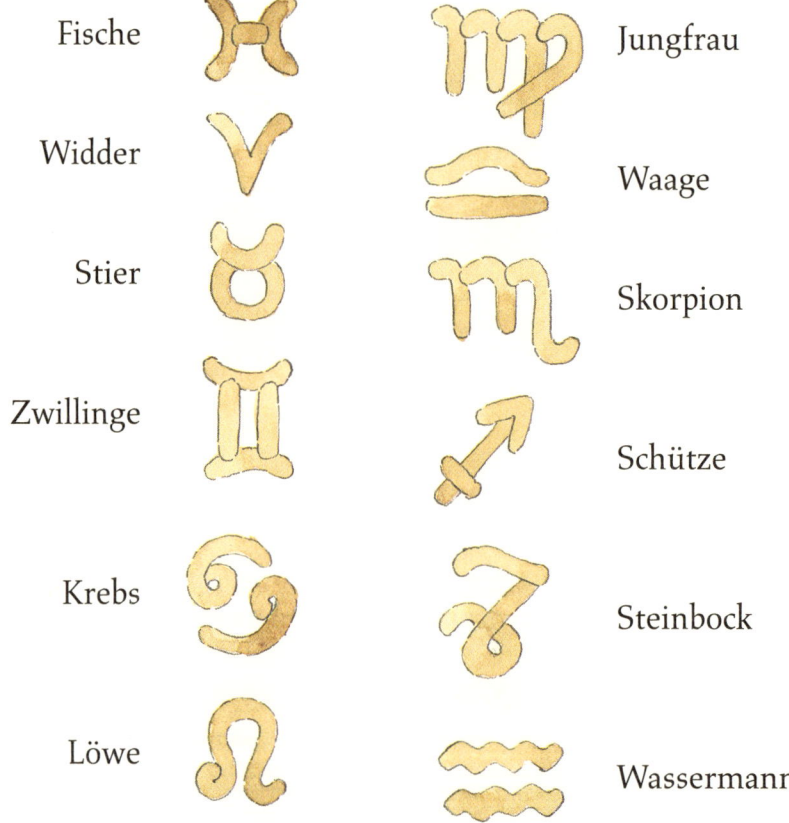

Gebackener Sternzeichentaler

130 g Weizenmehl
1 Prise Salz
10 g Hefe
30 g weiche Butter
1 El. Honig
2 El. lauwarme Milch
1 Ei

Das Mehl mit Salz gemischt in eine Schüssel geben, eine Vertiefung hineindrücken, die mit der Milch verrührte Hefe hineingießen, ca. 10 Minuten zugedeckt gehen lassen. Das Ei aufschlagen, von dem Eigelb ca. einen El. abnehmen (zum Bestreichen), restliches Ei sowie Honig und Butter zum Mehl geben und alles zu einem geschmeidigen, glänzenden Teig verkneten. Etwa eine halbe Stunde ruhen lassen, nochmals durchkneten.

Die eine Hälfte der Teigmenge zu einer runden Platte (Ø ca. 20 cm) formen, den restlichen Teig halbieren, zwei lange Rollen daraus formen. Eine Rolle als Rand rings um die Teigplatte legen, aus der anderen Rolle das gewünschte Sternzeichen formen und auf die Teigplatte setzen. Restliches Eigelb mit einigen Tropfen Milch glattrühren, den Taler damit bestreichen und bei 175 Grad im vorgeheizten Backofen goldgelb backen.

Variante: Anstatt mit einem Sternzeichen kann man den Taler mit einer dem Alter des Kindes entsprechenden Zahl schmücken.

Geburtstagsbaum

Im Herbst oder im Winter kann man einen oder mehrere reichlich verästelte, blattlose Zweige in einen bunten Geburtstagsbaum verwandeln, der lange Zeit haltbar ist.

1 – 2 Tassen Gips mit etwas Wasser zu einer breiartigen Masse anrühren. Die Masse etwa bis zur halben Höhe in einen Blumentopf gießen und einen oder mehrere zusammengebundene Zweige als Baum hineinstecken. Die Zweigspitzen ggf. etwas zurechtschneiden, so dass sich eine schöne Baumkrone ergibt. Sobald der Gips getrocknet ist, den Topf bis zum Rand mit schönen Bachkieseln oder mit Moospolstern auffüllen und evtl. außen bunt bemalen.

In den Geburtstagsbaum kann man nach Belieben Verschiedenes hineinhängen: Papierröllchen mit guten Wünschen zum neuen Lebensjahr, kleine Salzbrezeln, Naschereien in Alufolie oder buntes Papier eingewickelt, Papierblumen (s. Seite 98), farbige Bänder oder Schleifen aus Stoff oder Papier.

Glückwunschstab

Ein Glückwunschstab kann das ganze Jahr über entstehen: Immergrüne, kleinblättrige Zweige, wie z. B. Buchs oder Hartriegel, zu einem kleinen Strauß binden, den Strauß auf einen Holzstab oder einen möglichst geraden Stock stecken und diesen mit Blumendraht an der Stabspitze befestigen. Von den festgebundenen Stängeln bis hinunter zum Stabende wird der Stab nun mit einem etwa 2 – 3 cm breiten Streifen Krepppapier umwickelt, die Papierenden werden festgeklebt.

Der Strauß lässt sich nach Belieben schmücken: Man kann mehrere lange bunte Bänder oder Schleifen hineinbinden und, ähnlich wie beim Glückwunschbaum, verschiedene Kleinigkeiten hineinhängen.

Blumenkerzen

Mit gepressten Gräsern, Blumen, Blüten, kleinen Farnblättchen oder Moosfäden lässt sich eine einfache weiße Kerze in ein schönes Mitbringsel verwandeln. Die getrockneten Pflanzenteile werden rings um den Fuß der Kerze angeordnet und festgeschmolzen.

Befestigt wird ein Pflanzenteil nach dem anderen, indem man es jeweils mit dem Daumen an die gewünschte Stelle auf der Kerze drückt und mit dem Pinsel, der in flüssiges Wachs getaucht wurde, vollständig einstreicht.

Flüssiges Kerzenwachs erhält man, indem man ein Schälchen mit Resten von weißem Kerzenwachs im Wasserbad erweichen lässt, oder dadurch, dass man ein Teelicht so lange brennen lässt, bis das Wachs weich ist. Sinnvollerweise begleitet ein Erwachsener diese Arbeit.

Schwimmende Kerzen

Schwimmende Kerzen sind bei Kindern sehr beliebt. Mit Hilfe eines Erwachsenen lassen sie sich leicht selbst anfertigen. Verschenken kann man sie in einer flachen Glasschale, in der sie dann später schwimmen können. Wer mag, legt noch einige schöne Steine oder Muscheln dazu.

Zur Herstellung braucht man Wachsreste, Kerzendocht und Reißnägel mit einem vollflächig geschlossenen Metallköpfchen. Als Gießförmchen kann man Pralinenhütchen verwenden. Es eignen sich auch kleine Keksausstecher, wenn man die untere Öffnung der Ausstechförmchen mit Alufolie fest verschließt.

Für jede Kerze einen 2 – 3 cm langen Docht abschneiden, diesen mit einem Ende auf einen Reißnagel stecken und auf den Boden eines Förmchens setzen.

Die Wachsreste in ein ausgedientes höheres Gefäß (Blechdose, Marmeladenglas) geben und diese im Wasserbad langsam schmelzen lassen, so dass das Wachs gerade flüssig ist, jedoch nicht raucht. Das flüssige Wachs behutsam in die Förmchen gießen, damit der Docht in der Mitte bleibt.

Sobald das Wachs erstarrt ist, lassen sich die Kerzen mühelos aus den Förmchen lösen, wenn man sie kurz in heißes Wasser taucht.

 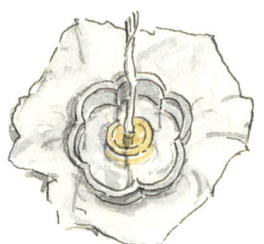  

Selbst gezogene Pflanzen

Selbst etwas einpflanzen und dann nachschauen, was daraus wird, das macht allen Kindern Freude. In der eigenen «Hausgärtnerei» lässt sich Verschiedenes ziehen, was man als kleine Aufmerksamkeit zu einem Geburtstag mitbringen kann.

Sehr leicht gelingt das Weiterzüchten von Usambaraveilchen. Man steckt einfach ein grünes Blatt in ein Töpfchen mit Blumenerde. Die Erde wird nach Bedarf gegossen, sie soll immer gut feucht bleiben. Nach einigen Tagen schlägt das Blatt Wurzeln, und bald sprießen neben ihm weitere kleine Blättchen aus der Erde.

Wer viel Geduld hat und gerne schon einige Wochen im Voraus pflanzen möchte, kann Zitronen- oder Orangenpflänzchen ziehen. Das gelingt am besten, wenn man die Fruchtkerne in Anzuchterde oder in kleine Pflanzbällchen steckt.

Blumenzwiebeln

Im Oktober und November kann man Pflanzenzwiebeln setzen und verschenken. Hyazinthen oder Tazetten eignen sich besonders gut. Tazetten sind Narzissen, die im Winter in der Wohnung blühen. Man füllt ein (Einmach-) Glas etwa halb voll mit schönen gewaschenen Kieselsteinen, setzt die Zwiebeln darauf und gießt so viel Wasser auf, dass die Steine bedeckt sind. – Dieses Mitbringsel wird natürlich nicht vollständig verpackt überreicht. Man umhüllt allenfalls das Glas mit Papier und verziert es mit Bändern.

Für Kaufladen und Puppen

Puppenschulhefte

6 Lagen Schreibpapier und ein Stück Tonpapier im Format DIN A6 ausschneiden. Dieses Format erhält man, wenn man einen DIN A4 Bogen zweimal faltet. Alle Papiere zu Doppelseiten falten, die weißen Papiere auf das Tonpapier legen und alles mit einem Faden zusammennähen.

Kaufladentüten

Je Tüte ein Papier so zu seinem Dreieck falten, dass ein kleiner Rand stehen bleibt, Tütenform ausschneiden, den Rand mit Klebestift einstreichen und festkleben.

Die Kaufladentüten evtl. noch mit Wachsmalkreiden bemalen. Sie sehen richtig echt aus, wenn man mehrere davon aufeinanderlegt und einen Faden durchzieht, an dem sie dann aufgehängt werden können.

84

Fensterhänger

Transparente Bilder, die ans Fenster gehängt ein schönes Farbenspiel ergeben, können schon kleine Kinder mit wenig Hilfe des Erwachsenen selbst fertigen.

Material:

- farbiges Tonpapier
- Seidenpapier (2 – 3 Farben)
- weißes Transparentpapier oder Butterbrotpapier
- Klebestift
- Nadel und Faden

Aus Tonpapier (etwa im Postkartenformat) wird zunächst der Bilderrahmen in einer gewünschten Form zugeschnitten. Ebenso groß wie den Rahmen schneidet man aus dem weißen Transparentpapier eine Fläche ohne Rand als Klebeunterlage aus.

Das Bildmotiv wird aus Seidenpapier in 2 – 3 verschiedenen Farben gefertigt. Zunächst reißt man daraus abgerundete Schnipsel. Diese werden dann mit dem Klebestift dünn eingestrichen und so auf das Transparentpapier geklebt, dass viele Überlagerungen entstehen. Wenn das Transparentpapier ganz bedeckt ist, ist die Bildrückseite fertig. Der Rahmen aus Tonpapier wird auf die Vorderseite geklebt. Zuletzt kann man mit Nadel und Faden eine Schlaufe als Aufhänger durch den Rahmen ziehen.

Varianten: Ältere Kinder können etwas aufwändigere Transparentbilder gestalten, z. B. mit aufgeklebten Motiven aus Seidenpapier oder mit gepressten Gräsern, Blumen, kleinen Farnwedeln und Blättern.

Holzbild

Kinderbilder, die ohne große Vorbereitung spontan aus dem Augenblick heraus entstehen, haben einen eigenen Charme. Ein solches Kinderbild, mit Buntstiften auf ein einfaches neues Küchenbrettchen gemalt, kann zu einem schönen persönlichen Geschenk werden.

Wichtel

Material:

- 1 Frotteehandschuh
- ungesponnene Schafswolle
- Garn
- evtl. ein Tütchen mit Naschwerk
- Stoffschleifen
- kleines Glöckchen

Zunächst in den Waschhandschuh hineingreifen, so dass die Öffnung nach unten zeigt. Die Kapuze für den Wichtel entsteht, wenn man eine Ecke des Waschhandschuhs mit dem Daumen der anderen Hand so weit wie möglich nach innen drückt. Nun rollt man ein etwa handtellergroßes Stück Schafswolle kugelförmig zusammen, steckt dieses als Kopf in die Kapuze und bindet das Kopfteil locker mit etwas Garn ab.

Nun wird der Körper des Wichtels gefüllt. Man stopft dafür eine Handvoll ungesponnener Schafswolle bis zum Kopfansatz in den Waschhandschuh oder man steckt ein Tütchen mit Naschwerk in die Öffnung.

Zum Schluss werden dicht unter dem Kopf eine oder mehrere Schleifen gebunden und evtl. ein Glöckchen angehängt.

Etwas zum Naschen

Fruchtpralinen

100 g Schokolade (hell oder dunkel)
300 g getrockn. Aprikosen oder Pflaumen
50 g abgezogene Mandeln
1 El. Kokosfett

Schokolade und Kokosfett in ein Gefäß füllen, im heißen Wasserbad schmelzen und glatt rühren. Auf jeder Frucht eine Mandel festdrücken, zusammen in die flüssige Schokolade tauchen und auf eingefettetem Butterbrotpapier trocknen lassen.

    Variante: Die Mandeln weglassen und nur getrocknete Früchte in die flüssige Schokolade tauchen.

Schokoladenhäufchen

100 g Schokolade (hell oder dunkel)
1 El. Kokosfett
100 g Rosinen
2 El. geblähter Amaranth

Schokolade und Kokosfett im Wasserbad erweichen, glatt rühren und mit den restlichen Zutaten vermischen. Mit zwei Teelöffeln Häufchen auf ein gefettetes Butterbrotpapier setzen und erkalten lassen.

    Variante: Anstatt Rosinen und Amaranth 100 g leicht geröstete Mandelsplitter mit der Schokolade vermischen und ebenfalls Häufchen formen.

Salzmandeln

200 g Mandeln
1/4 l Wasser
etwas Speiseöl von neutralem Geschmack
1 Teel. Salz

Mandeln in dem Wasser ca. 2 Min. wallend kochen lassen, abgießen und mit kaltem Wasser abschrecken, Mandeln abziehen, auf einem frischen Geschirrtuch ausbreiten, gleich mit Salz bestreuen und in dem Tuch ein wenig schütteln. Den Boden eines größeren Topfes mit einigen Tropfen Öl auspinseln, die Mandeln dazugeben und unter häufigem Rühren bei niedriger Hitze etwa fünf Minuten rösten, die Mandeln sollen dabei nicht braun werden. Die Salzmandeln auf einem großen Teller auskühlen lassen. Zum Verschenken kann man sie in ein hübsches Gefäß oder in eine Zellophantüte füllen.

Überraschungsstrauß

Material:

- Schaschlikstäbchen
- Pralinen oder Salzmandeln
- Zellophanpapier
- Klebefilm
- Silberfolie oder Krepppapier
- immergrüne Zweige

Zellophanpapier in Quadrate schneiden (ca. 12/12 cm), jeweils eine Praline oder einige Salzmandeln darin eindrehen und mit Klebefilm an der Spitze des Schaschlikstäbchens befestigen. Dieser «Blütenknopf» wird nun mit einer Rosette umgeben: Aus Silberfolie oder Krepppapier einen 12–15 cm breiten Streifen schneiden, diesen in Längsrichtung knicken, locker rings um den «Blütenknopf» legen und ebenfalls mit Klebefilm befestigen. Wenn man einige derartige «Blumen» gefertigt hat, steckt man diese in einen Strauß aus immergrünen Zweigen, wie z. B. Buchsbaum.

Düfte und Kräuter

Kinder haben es gerne, wenn etwas gut duftet. Ein Duftsäckchen oder ein Duftei, an dem sie immer wieder schnuppern können, macht ihnen Freude. Auch ein eigenes, wohlriechendes Badesalz kann ein schönes Mitbringsel für Buben und Mädchen sein.

Badesalz

Material:

- 2 Tassen Haushaltssalz
- 1 Tasse grobkörniges Meersalz
- 1 El. Tween 80 (in Apotheken oder in Läden für Naturkosmetik erhältlich)
- 1 Schraubglas
- ätherisches Öl, wie z. B. Zitrone, Orange, Bergamotte, oder Krause Minze

Beide Salzsorten und das Tween in das Schraubglas füllen, 1 – 2 Teel. echtes ätherisches Öl hinzufügen, das Glas schließen und kräftig schütteln.

Badesalz – Zitrone (Orange):
Tween-Salzmischung mit ätherischem Zitronenöl (Orangenöl)

Badesalz mit Blütenduft:
Tween-Salzmischung mit ätherischer Ölmischung: Zitrone, Orange, Bergamotte

Badesalz – Kaugummi:
Tween-Salzmischung mit ätherischem Krauseminzeöl.

Fertiges Badesalz in ein schönes Glas füllen und mit einem Etikett versehen.

Einfache Duftsäckchen

Material:

- getrocknete Rosenblätter oder Lavendelblüten
- Stoffrest (Seide oder gemusterte dünne Baumwolle)
- farbiges Häkelgarn, ca. 40 – 50 cm lang
- Sticknadel

Mit Hilfe eines Esstellers oder eines mittelgroßen Topfdeckels einen Kreis auf den Stoff zeichnen und diesen mit einer Zackenschere ausschneiden. Das Garn in die Sticknadel fädeln und dieses in etwa 2 cm Entfernung vom Rand in den Stoffkreis einziehen, nun die getrockneten Blütenblätter in die Stoffmitte legen und das Säckchen zubinden.

Mit wenig Unterstützung eines Erwachsenen können auch schon ganz kleine Kinder beim Vorbereiten solcher Säckchen mithelfen.

Ein Duftei

Das Duftei ist schnell gemacht. Als Mitbringsel ist es auch bei Freunden willkommen, die schon alles haben.

Zur Herstellung braucht man eine frische Zitrone, etwa 1/2 Tasse Gewürznelken und eine Stricknadel.

Die Zitrone wird dicht mit Gewürznelken besteckt, so dass kein gelber Zwischenraum mehr bleibt.

Die Nelken lassen sich ganz leicht in die Zitrone stecken, wenn man mit Hilfe einer Stricknadel kleine Löcher in die Schale sticht.

Potpourris

Größere Mädchen freuen sich über gute Düfte. Potpourris aus selbst gesammelten getrockneten Blüten- und Pflanzenblättern oder Fruchtscheiben sind ganz einfach zuzubereiten. Sie brauchen allerdings ein bis zwei Wochen Zeit zum «Reifen», bevor man sie als Geschenk verpacken kann.

Gute Potpourris werden nicht kunterbunt durcheinander gemischt. Man stellt sie nach bestimmten Farbrichtungen wie gelb-grün, rosa-rot, bräunlich-orange zusammen und lockert sie jeweils mit getrockneten grünen Blättern auf.

Getrocknete grüne Blätter von immergrünen Pflanzen, wie z. B. Kirschlorbeer oder Ilex sehen in Potpourris besonders schön aus, weil sie ihren leichten Glanz behalten. Sie brauchen ca. zwei Wochen, bis sie trocken sind.

Der Duft eines Potpourris wird durch Beigabe von ätherischem Öl verstärkt. Damit dieser nicht gleich verfliegt, sondern möglichst lange erhalten bleibt, wird er mit Veilchenwurzelpulver fixiert. Dieses ist in Apotheken erhältlich. Die Zutaten für ein Potpourri werden in einem großen Schraubglas angemischt. Sie werden während der Reifungszeit gelegentlich geschüttelt.

Orangen-Potpourri

Dieses Potpourri ist eine ausgesprochene Wintermischung. Die hierfür verwendeten getrockneten Zitronen- und Orangenscheiben erhält man folgendermaßen: Dünn geschnittene frische Fruchtscheiben auf einen Bratrost legen, für einige Minuten in den heißen Backofen schieben und bei leicht geöffneter Backofentür antrocknen lassen. Anschließend werden die Scheiben aufgefädelt und zum Trocknen aufgehängt.

Zutaten:
- 1 Tasse getrocknete Orangen- und Zitronenscheiben
- evtl. 1/2 Tasse getrocknete grüne Blätter
- einige halbe Zimtstangen
- 1 – 2 El. Nelken
- 1 – 2 El. Sternanis
- 2 – 3 Teel. ätherisches Öl Orange/Zitrone
- 1 Msp. Veilchenwurzelpulver
- etwas geriebene Muskatnuss

Blumenpotpourri

Zutaten:
- 1 Tasse ganze getrocknete gelbe Blüten
- 1 Tasse getrocknete grüne Blätter
- 2 Teel. ätherisches Öl (z.B. Zitrone oder Bergamotte oder Lemongrass)
- 1 Msp. Veilchenwurzelpulver

Rosen-Potpourri

Das Potpourri rosa-rot ist in der Herstellung leider sehr teuer, da echtes Rosenöl seinen Preis hat. Es wird aber hier dennoch erwähnt, weil es wegen seines außergewöhnlichen Duftes besonders beliebt ist. Die geringe Menge von 1 ml echtem Rosenöl reicht für mindestens zehn Portionen Potpourri.

Zutaten:
- 1 1/2 Tassen Rosenblütenblätter
- 1/2 Tasse getr. grüne Rosenblätter
- ätherisches Öl «Rose»
- (evtl. Patchouli-Öl)
- 1 Msp. Veilchenwurzelpulver

Die getrockneten Blätter in ein Glas füllen, 2 – 3 Tropfen Rosenöl dazu geben, zur Verstärkung des Duftes evtl. noch 1 – 2 Tropfen Patchouli-Öl zufügen, Veilchenwurzelpulver darüber streuen und alles gut verschütteln.

Geschenke verpacken

Ein Geschenk, das zu einem Festtag überreicht wird, gehört in eine festliche Umhüllung. Es hat dann noch etwas Geheimnisvolles, auch wenn sich manchmal schon ertasten oder erraten lässt, was da verpackt wurde. Das Auswickeln kann eine spannende Sache sein.

Selbst Gemachtes kann in Zellophanpapier oder -tüten, in Gläsern, Dosen, Spanschachteln oder in Schraubgläsern verpackt werden. Gläser lassen sich mit gewöhnlicher Wasserfarbe bemalen, wenn sie vorher mit Essigwasser abgerieben wurden. Nach dem Trocknen wird die Farbe durch Überstreichen mit Klarlack haltbar gemacht.

Geschenkpapiere oder Tüten zum Verpacken können mit einfachen Techniken selbst gestaltet werden: Unbedrucktes Papier lässt sich auf verschiedene Weise in Geschenkpapier mit persönlicher Note verwandeln. Folgende Qualitäten eignen sich dafür:

– Packpapier
– Makulaturtapete
– unbedrucktes Schnittmuster-Papier

Diese Papiersorten sind im Handel in Rollen oder in großen Bögen erhältlich. Für das Gestalten von Schmuckpapier schneidet man davon kleinere Blätter im Format DIN A3 oder DIN A4 zurecht.

Geschenkpapier selbst gemacht

Kleisterpapier

Material:
- Papier (s. Seite 93)
- Tapetenkleister, Wasser
- Farbpulver
  oder Wasser- oder Temperafarben
- Flachpinsel
- weiße Haushaltskerzen
- weicher Lappen

Tapetenkleister:
1/4 l warmes Wasser mit 1 Teel. Kleisterpulver vermischen, ca. 1/2 Stunde quellen lassen, nochmals durchrühren.

Das Papier ausbreiten und mit Hilfe des Flachpinsels vollflächig mit Tapetenkleister bestreichen. Das Farbpulver oder 1 – 2 El. mit Wasser angerührte Wasser- oder Temperafarbe über dem Papier verteilen und die Farbe mit dem Flachpinsel verstreichen.

Mit Gabel, Spachtel, Kamm oder einfach nur mit den Fingern Muster über das Papier ziehen: Striche, Kreise, Wellenlinien etc. Die Variationsmöglichkeiten sind unerschöpflich.

Die verzierten Papierbögen am besten an Ort und Stelle trocknen lassen, damit sie nicht einreißen.

Wenn die Papierbögen trocken sind, muss die aufgetragene Farbe fixiert werden. Dies geschieht dadurch, dass man mit der Längsseite der Kerzen vollflächig über die Papierbögen streicht und anschließend mit einem weichen Lappen nachreibt.

Gesprenkeltes Papier

Material:

– Papier (s. Seite 93)
– Wasserfarben aus der Tube
– Naturschwamm
– Wasser

Gesprenkeltes Papier kann ein- oder mehrfarbig sein. Jede Farbe wird mit Wasser auf einem eigenen Teller zu einem satten Farbton angerührt. Auf das zurechtgeschnittene Papier wird zunächst nur eine Farbe aufgetragen. Man taucht dafür den Naturschwamm an einer Seite nur leicht in die Farblösung und tupft diesen an beliebigen Stellen auf das Papier.

Vor dem Auftragen einer weiteren Farbe wäscht man den Schwamm aus, presst das Wasser heraus und drückt ihn in einem Baumwolltuch aus, dann tupft man die nächste Farbe in gleicher Verfahrensweise auf das Papier usf.

Bemaltes Papier

Das Papier zurechtschneiden, evtl. mit Klebestreifen auf der Tischplatte fixieren. Mit Wachsmalblöckchen in einer oder mehreren Farben einfache, großzügige Striche und Schwünge auf das Papier malen. Die Blöckchen können dabei mit den verschieden breiten Seiten und Kanten oder mit ihrer ganzen Fläche aufgetragen werden.

Sehr individuell ist ein Geschenkpapier, das mit Buntstiften gestaltet wurde. Man kann damit z. B. allerlei Glückwünsche in verschiedenen Farben auf das Papier schreiben etc.

Tütchen aus Kaffeefiltern

Einfach und schnell lässt sich ein Tütchen aus einem Kaffeefilter herstellen. Auch sehr kleine Kinder schaffen das schon fast alleine:

Die Filtertüte in Blütenform einschneiden und mit Wachskreiden oder mit Wasserfarben bunt bemalen.

Kleine Tragetüten

Material:

– Schreib- oder Tonpapier DIN A6 (5 / 4)
– Klebestift

Für die kleine Tragetüte den oberen Papierrand je nach gewähltem Format 1 – 3 cm nach innen falzen, dann das Papier so umknicken, dass ein seitlicher Rand von etwa 2 cm übersteht (1). Diesen Rand mit Kleber bestreichen und das Papier zusammenkleben. An beiden Längsseiten einen etwa 2 cm breiten Streifen nach vorne und nach hinten falzen (2) und nach innen einknicken (3). Bodenfalten falzen (4), die Falten nach innen drücken (5) und Tütenboden zukleben (6).

Am oberen Rand wird die Tüte entweder gelocht und mit einem Tragebändchen versehen oder man schneidet ein Lochmuster hinein. Ein Tütchen mit Einschnitten lässt sich z. B. mit einem Blumenstängel oder mit einer Feder verschließen.

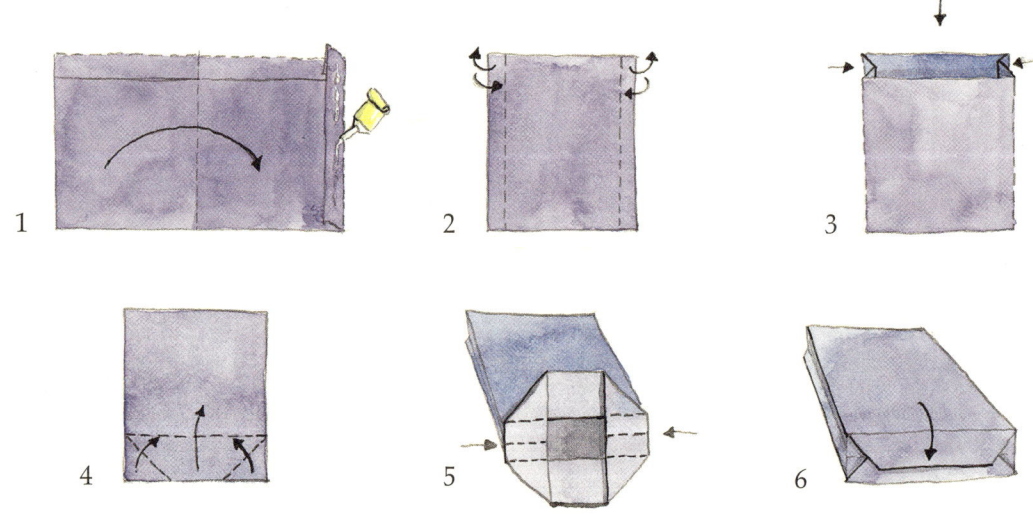

Ein Herz zum Verschenken

Farbiges Tonpapier oder weißes Schreibpapier DIN A4, bemalt oder gestaltet wie Geschenkpapier (s. Seite 93 – 95) der Länge nach in zwei Teile schneiden, jedes Papier mit einer Buchfalte knicken, von der geknickten Seite auf der Mittellinie 10,5 cm einschneiden, die offenen Seiten abrunden, beide Teile zu einem Herz zusammenstecken.

Ein solches Herz kann nach dem gleichen Prinzip natürlich auch in kleineren Formaten hergestellt werden. Es lässt sich mit einem Geschenkbändchen verschließen.

Geschenkbänder

Häkelgarn aus Baumwolle eignet sich hervorragend zum Herstellen von Geschenkbändchen. 2 – 3 m Baumwollgarn mit einem Ende z. B. an einer Türklinke festbinden, dann das Garn am anderen Ende in eine Richtung drehen, bis es beginnt, sich zu kräuseln, in der Mitte einknicken, die Enden aufeinanderlegen, das Garn rollt sich nun von selbst zu einer Kordel auf. Die Enden der Kordel können noch mit Troddeln (s. S. 98) verknüpft werden.

Troddel

Material:
– Baumwollgarn
– ein Streifen Karton (2 – 4 cm breit) oder eine Streichholzschachtel

Das Baumwollgarn mehrmals um die Pappe wickeln, das aufgewickelte Garn herunternehmen, an der Knickstelle mit einem Faden zusammenknoten. Gegenüber dem Knoten die Fäden aufschneiden. Die Troddel etwa 1 cm unterhalb des Knotens zusammenbinden, die Fadenenden auf gleichmäßige Länge abschneiden.

Rosen aus Seidenpapier

Anstatt mit einer Schleife können die verpackten Geschenke auch mit Rosen aus Seidenpapier geschmückt werden.

Material:
– Seidenpapier in Gelb- oder Rottönen

Einen Streifen Seidenpapier (14/50 cm) auf halbe Breite knicken und eine Rose eindrehen: Den Papierstreifen an der Schmalseite etwas zusammendrücken und etwa 5 cm oberhalb vom Rand zwischen den Fingerspitzen gut festhalten. Mit der anderen Hand wird das Seidenpapier leicht gedreht und dabei locker zu einer Rosenblüte aufgewickelt. Die beiden Enden werden mit Klebefilm oder mit etwas Faden fixiert.

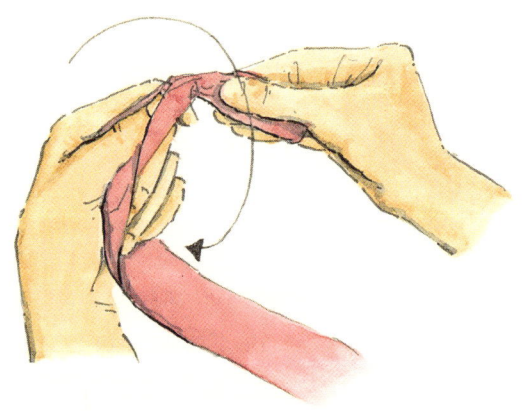

Feste mit Kindern

Der Festtag

Viele Gäste wünsch ich heut
mir zu meinem Tische.
Speisen sind genug bereit,
Vögel, Wild und Fische.
Eingeladen sind sie ja,
haben's angenommen.
Hänschen, geh und sieh dich um!
Sieh mir, ob sie kommen.

J. W. Goethe

Bevor die Gäste kommen

Die meisten Vorbereitungen für das Fest lassen sich schon in den Tagen davor erledigen. Am Festtag, bevor die Gäste kommen, wird die Wohnung so umgeräumt, dass es möglichst viel Platz zum Spielen und Bewegen gibt. Wertvolle und zerbrechliche Gegenstände werden vorsichtshalber beiseite gestellt. Die festliche Tafel wird gedeckt. Frische Blätter, Blumen und Zweige zum Schmücken holt man möglichst erst am Festtag in die Wohnung.

Als Gastgeber kann man sich darauf einrichten, dass am Anfang, wenn das Fest beginnt, einiger Trubel herrschen wird, so dass es kaum Muße geben wird, sich den mitgebrachten Geschenken zuzuwenden. Zu Beginn des Festes gibt es so vieles, was die Aufmerksamkeit des Geburtstagskindes erregt: Die Gäste begrüßen und einführen, immer wieder zur Tür gehen, um den nächsten Gast zu empfangen, möglicherweise kommt noch ein Anruf dazwischen, weil jemand gratulieren möchte. So kommt es oft nur dazu, die Geschenke aufzureißen und gleich zur Seite zu legen.

Die Gäste, die sich als Mitbringsel etwas Besonderes ausgedacht haben und dies schön eingepackt überreichen, werden natürlich gerne wissen wollen, ob das, was sie ausgewählt haben, auch gefällt. Enttäuschte Gesichter, wenn das Geschenk kaum beachtet wird, sind bei Festen immer wieder zu erleben. Dies lässt sich vermeiden, wenn es gelingt, eine Form zu finden und Ruhe hineinzubringen.

Geschenketisch

Bewährt hat sich, noch bevor die Gäste kommen, eine besondere Stelle vorzubereiten, auf welcher die Geschenke Platz finden können. Es kann ein kleiner Tisch sein oder aber ein origineller Gegenstand wie z. B. ein Schlitten, ein Bollerwagen, ein Spielständer oder eine Schubkarre, die lose mit einem Spieltuch oder mit einer Decke bedeckt ist. Gelegenheit, sich den Mitbringseln zuzuwenden und diese zu würdigen, gibt es dann zu einem späteren Zeitpunkt, etwa vor oder nach der festlichen Tafel, wenn alle Gäste eingetroffen sind.

Die Gäste empfangen

Nun ist alles fertig. Das Fest wurde vorbereitet, so gut es eben möglich war. Sobald die Gäste eintreffen, ist es das Wichtigste, sich um die Festgesellschaft zu kümmern.

Ein herzlicher Empfang gleich zu Beginn ist der beste Einstieg für ein gelungenes Fest. Fröhliche Stimmung und gute Laune übertragen sich. Jedem, der hereinkommt, tut es wohl, mit seinem Namen begrüßt zu werden und zu spüren, dass man sich auf ihn freut. Die Mutter oder der Vater stellt die Kinder, die sich noch nie gesehen haben, einander vor und macht jene, die noch nie da waren, mit den Örtlichkeiten der Wohnung vertraut.

Einige Nachzügler werden noch erwartet. Das Festprogramm beginnt erst, wenn alle da sind. Kein Grund, untätig herumzustehen. Treiben wir mit den Kindern ein wenig Kurzweil und spielen wir einige Spiele zur Überbrückung. Ältere Kinder spielen in der Wartezeit gerne Wortspiele (s. Seite 137 ff.).

Erste Spiele bis alle da sind

Butterstampfer

Alle sitzen beieinander. Der Spielleiter legt seine Faust auf den Tisch und streckt den Daumen nach oben. Er führt die Faust im Kreis und schlägt sie im Takt zu folgendem Vers:

Butter stampfen, Butter stampfen
Quark rühren, Quark rühren,
du kommst mit!

Bei «mit» hält die Faust vor einem Kind an. Dieses umgreift mit seiner Faust die des Erwachsenen und streckt ebenfalls den Daumen nach oben. Das Spiel wird weitergeführt, bis jeder eine Faust aufgesetzt hat.

Was könnte es sein?

 Was könnte der, der als Nächster kommt, anhaben? – Einen roten Pulli vielleicht, braune Schuhe oder … «Einen Anorak», sagt Peter. – «Eine Hose», meint Sabine, «eine Jeans!» – «Nein ich rate ein Kleid», sagt ein anderer, «Ja und Haarspangen!» meint wieder einer. Es läutet. Die Freude ist groß, wenn das eine oder andere richtig geraten wurde.

Ich sehe was, das du nicht siehst

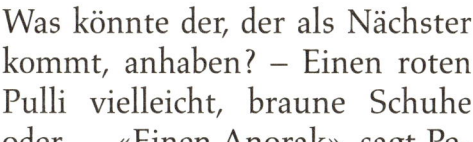 Alle, die schon da sind, setzen sich in einen Kreis. Der Spielleiter denkt sich einen beliebigen Gegenstand im Zimmer, dann sagt er: «Ich sehe was, das du nicht siehst und das ist rot. – Was ist das?» – Die Kinder raten, was es sein könnte. Wer es herausbekommen hat, der darf sich nun auch einen Gegenstand denken, den die anderen herausfinden sollen.

Bauen wir ein Haus?

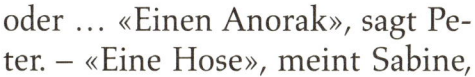 Bauen wir ein Haus aus ganz vielen Händen? Jede Hand ist ein Stockwerk. Der Vater legt seine Hand als erste flach auf den Tisch: Der Keller. Ein anderer legt eine Hand darüber: Das Erdgeschoss. Nacheinander legen auch die anderen Kinder jeweils eine Hand darauf. 1. Stock, 2. Stock … Es entsteht ein Haus mit vielen Etagen. Gleich kommt Bewegung hinein: Der Vater sagt: «Ich ziehe um!» Er zieht eine Hand heraus und legt sie obenauf. – «Ich ziehe auch um!» – «Ich auch!» – «Ich auch!» … Und nun folgen all die anderen Hände: patsch, patsch, patsch oben drauf. Es gibt viel zu lachen bei dem Spiel. Immer schneller werden die Hände – am Ende entsteht meistens ein großes Durcheinander. Das beruhigt sich gleich wieder, wenn es nun heißt:

In unserem Häuschen
sind schrecklich viel Mäuschen.
Sie trippeln und trappeln,
sie zippeln und zappeln,
und will man sie haschen,
husch, sind sie weg.

Alle Gäste sind da

Alle Kinder sind da, das Fest kann beginnen. Die Gäste kommen in der Runde zusammen. Noch einmal ein herzliches Willkommen allen miteinander: der Susanne, dem Philipp, der Anna, dem Jonas … Man kann die Kinder jetzt schon ein wenig in das Festtagsprogramm einführen und erzählen, dass es zum Abschluss etwas Besonderes geben wird. Das weckt die Spannung, und es ist ein gutes Gefühl für die Kinder zu erfahren, dass es zu ihrer Ehre am heutigen Festtag eine Überraschung geben wird, die sie vielleicht erraten wollen, aber so genau dann auch wieder nicht wissen können.

Jüngere und auch ältere Kinder haben es gerne, wenn zum Festbeginn ein kleiner Geselle auftaucht. Der Erwachsene bewegt ihn mit den Fingern und spricht durch ihn zu den Kindern. Diese Figur kann reihum alle begrüßen und einiges erzählen.

Die Kinder fühlen sich von ihr gleich angesprochen – nicht nur, weil sie sich jedem einzelnen Kind freundlich zuwendet und es beim Namen nennen kann. Es ist auch, weil sie gleich von Anfang an gute Laune verbreitet und allerlei zu scherzen weiß. Vielleicht mögen sie die Kinder auch deswegen, weil sie so klein ist. Die Puppe freut sich, dass heute so viele Kinder da sind – und am liebsten will sie gleich alles verraten, sie weiß nämlich schon, was es heute geben wird, denn sie wohnt hier. Vielleicht erzählt sie, wie sie immer wieder einmal aus ihrer Ecke herausgespitzt hat: «Was ich da alles gesehen habe …»

Mit einem der nachfolgenden Singspiele kann man gleich den Bewegungsdrang auffangen, mit dem die Kinder hereingekommen sind. Alle sollen es bis in die eigenen Gliedmaßen hinein spüren, dass dieser Festtag ein Ereignis ist, an dem man nicht nur als Zuschauer teilnimmt, sondern in das man gleich von Anfang an aktiv mit einbezogen ist.

Seid willkommen alle hier

Weise: überliefert

Seid will-kom-men al-le hier, zu dem Kin-der-fes-te.
Rei-chen wir die Hän-de uns, grü-ßen wir die Gäs-te.
Tral-la-li, tral-la-la, oh, wie lu-stig tanzt man da, tanzt, man da.

Wenn es heißt: Tral-la-li … klatschen alle in die Hände.

Klingelingeling, die Bimmelbahn

 Kleine Kinder fahren auch gerne mit der Bimmelbahn zum Fest. Das Glöckchen, das man dafür braucht, wird an einen Stecken gehängt und vielleicht noch mit bunten Bändern verziert.

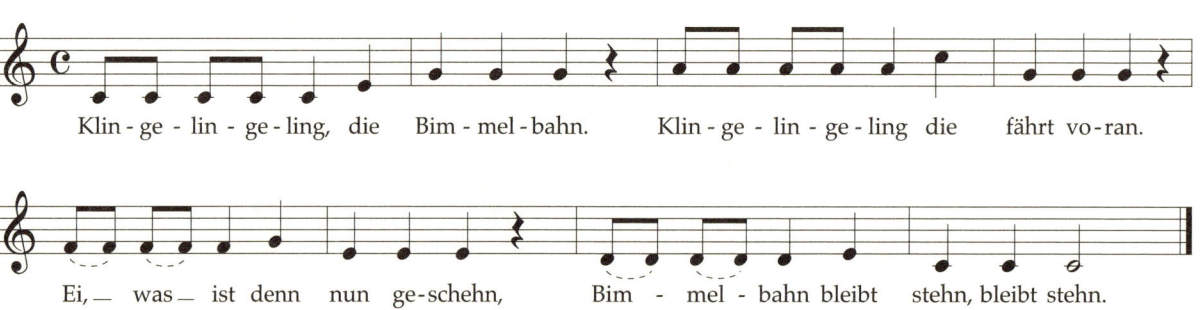

Julian hat den Stecken. Er läuft, evtl. begleitet von einem Erwachsenen, rings um die anderen Mitspieler herum und läutet mit dem Glöckchen. Dazu wird gesungen. Bei «stehn» hält die Bimmelbahn an. Julian reicht den Stecken an Lilly weiter und das Lied wird fortgesetzt.

2. Jetzt steigt noch die Lilly ein
läutet mit dem Glöckchen fein.
Kingelingeling, die Bimmelbahn,
klingelingeling, fährt wieder an.

3. Klingelingeling, die Bimmelbahn,
Klingelingeling, die fährt voran.
Ei, was ist denn nun geschehn,
Bimmelbahn bleibt stehn, bleibt stehn.

4. Jetzt steigt noch die Eva ein
läutet mit dem Glöckchen fein.
Klingelingeling, die Bimmelbahn,
klingelingeling, fährt wieder an, usw.

Das Lied wird so lange gesungen, bis alle Kinder in der Bimmelbahn sind. Der Stecken mit dem Glöckchen wird jeweils dem Kind weitergereicht, das zusteigt.

 Kindern macht es große Freude, wenn sie bei einem Spiel selbst «Instrument» sein dürfen: Zu dem nachfolgenden Lied können sie nach Herzenslust klatschen, stampfen, trommeln, schnalzen, summen, brummen etc.

Jetzt woll'n wir

2. ... tanzen und singen und ...
3. ... hüpfen und springen und ...
4. ... stampfen und trommeln und ...
5. ... klatschen und platschen und ...

Der Auftakt zum Fest kann auch mit einem Aufzug beginnen. Die beiden folgenden kleinen Spiele lassen sich in der Wohnung oder draußen spielen.
Der Reim zu Bi Babette wird in einem einfachen Singsang gesungen. Er begleitet die Spieler, wenn nun einer nach dem anderen zu einer Kette eingesammelt wird. Die erste Strophe wird mehrmals wiederholt, bis alle Kinder sich angehängt haben. Mit der zweiten Strophe wird die Kette zum Kreis geschlossen.

Bi Babette

1. Bi Babette,
wir machen eine Kette,
aus Edelstein, aus Edelstein.
Peter komm und häng dich ein.

2. Bi Babette,
Jetzt schließen wir die Kette.
Der Erste kommt beim Letzten an
und schließt mit ihm die Kette dann.

Schneckenlied

Es gibt kein schön'res Tierlein als so eine Schneck', Schneck', Schneck'.
Sie trägt ihr eignes Häuschen auf dem Rücken weg, weg, weg.

Alle Spieler fassen sich an den Händen. Der Spielleiter geht voran. Er führt die Kinder mit einer Spiralenbewegung in eine Schnecke und wieder nach außen.

Machet auf das Tor

Ma-chet auf das Tor. Es kommt ein gold'-ner Wa - gen.

2. Wer sitzt darin? :|
Ein Kind mit goldnen Haaren.

3. Was will es denn? :|
Es will die Kinder bringen.

4. Was könn'n sie denn? :|
Sie könn'n so lustig singen.

 Die Spieler stehen sich paarweise gegenüber und bilden mit ihren Armen Tore. Das jeweils letzte Paar geht gebückt durch alle Tore hindurch und bildet vorne ein neues Tor. Die anderen folgen ebenso. Das Lied wird mehrmals wiederholt.

Goldene Brücke

Weise: überliefert

{ Zie - he durch, zie - he durch, durch die gold - ne Brü - cke! }
{ Sie ist ent - zwei, sie ist ent - zwei. Wir wolln sie wie - der fli - cken. }

Der er - ste, der zwei - te, der drit - te muss ge - fan - gen sein.

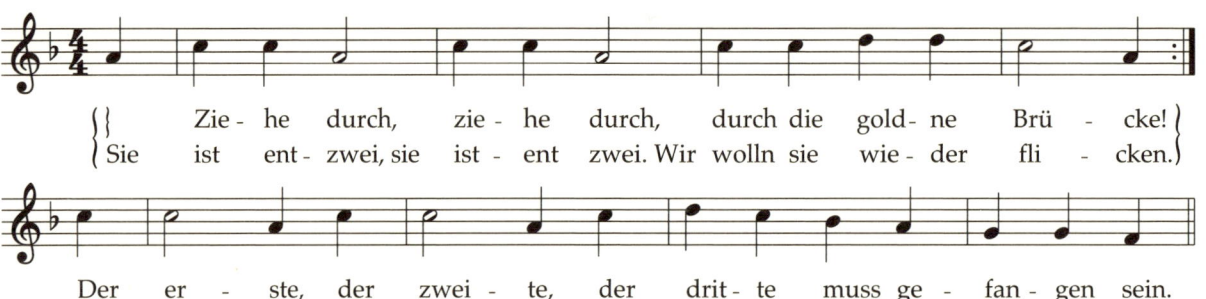

Zwei Mitspieler reichen sich die Hände und bilden eine Brücke. Sie verabreden leise unter sich, wer Sonne und wer Mond sein soll. Die anderen Mitspieler fassen sich an den Händen und laufen singend in Form einer Acht durch die Brücke, d.h. sie kreisen abwechselnd um den einen und anderen Brückenpfeiler.

Bei: «... der Dritte soll gefangen sein» senken sich die Arme, und das gefangene Kind wird leise gefragt: «Sonne oder Mond?» Die Antwort wird ebenfalls leise geflüstert, denn für die anderen Durchziehenden soll es noch ein Geheimnis bleiben, wer Sonne oder Mond ist. Das Kind stellt sich hinter Sonne oder Mond. Wenn alle Kinder sich aufgestellt haben, beginnt der Kampf zwischen Sonne und Mond: Dafür fassen sich die Mitspieler jeder Seite an den Hüften und versuchen, einander auf die jeweils eigene Seite zu ziehen.

Himmel oder Hölle

Sehr beliebt ist bei den Kindern auch eine Variante zu diesem Spiel. Anstatt Sonne und Mond können die Brückenwärter, die nach Möglichkeit Erwachsene sein sollten, Himmel oder Hölle sein. Der Spielverlauf ist der gleiche – bis auf das Ende. Hier stehen zum Schluss hinter dem Himmel die Engerl und hinter der Hölle die Teuferl.

Die Engerl dürfen sich auf die Arme der Brückenwärter setzen und sich schaukeln lassen:

> Engerl, Engerl, bist du schwer,
> vor lauter Gold und Silber.
> Hoch in' Himmel 'rauf,
> hoch in' Himmel 'rauf
> und nieder auf die Erden.

Die Teuferl werden zwischen die Arme der Brückenwärter genommen und hin und her gerüttelt:

> Teuferl, Teuferl, bist du schwer,
> vor lauter Dreck und Speck.
> Zum Tor hinaus!
> Zum Tor hinaus!

Anfangsspiele für ältere Kinder

Herzlich willkommen

Alle stellen sich dicht zusammen in eine Gruppe. Jeder reicht nun zwei anderen die Hände und hält sie gut fest. Jetzt können sich die Spieler ordentlich die Hände schütteln und sich begrüßen. Die Hände bleiben gefasst. Mit etwas Geduld und natürlich auch mit einigen Verrenkungen wird es möglich sein, den Knoten zu entwirren und einen Kreis zu bilden.

Gemeinsam geht's

Alle Spieler setzen sich möglichst dicht in einen Kreis und haken sich unter. Jetzt versuchen alle, gemeinsam aufzustehen. Das ist gar nicht so einfach und es gibt viel zu lachen dabei.
Variante: Das gleiche Spiel kann man auch spielen, wenn alle Mitspieler mit den Gesichtern nach außen im Kreis stehen.

Spiele zum Kennenlernen

Mit kleinen Spielen, kann man die Kinder mit den Namen der anderen bekannt machen. Nachfolgend sind Spiele zum Kennenlernen für verschiedene Altersstufen zusammengestellt. Bei einem Fest genügt es, eines oder höchstens zwei solcher Spiele zu spielen.

Flieg Vögelein

 Die Mitspieler sitzen im Kreis und werfen sich – begleitet von einem Sprüchlein – ein geknotetes Tuch zu:

Flieg Vöglein, flieg dahin –
fliege schnell zum (zur …) hin! usf.

Bunte Blumen

Als Kennenlernspiel kann man miteinander auch einen bunten Blumenstrauß (für das Geburtstagskind) binden. Ähnlich wie beim «Kofferpacken» (S. 149) muss man wiederholen, was die Spieler vorher gesagt haben, bevor man etwas Eigenes hinzufügt, z. B.:

Ich bin die Nina. Ich bringe eine Tulpe mit. – Du bist die Nina und bringst eine Tulpe, und ich bin der Max. Ich bringe eine Margerite usf.

Eine lange Reihe

Bei diesem Spiel hüpft der Spielleiter, z. B. die Mutter, auf einem Bein auf Juliane zu. Sie gibt ihr die Hand und sagt: «Grüß dich Juliane!» – Die beiden hüpfen nun untergehakt weiter und begrüßen einen Nächsten. Auch dieser hakt sich unter. So werden nacheinander alle mit Namen begrüßt, bis die ganze Gesellschaft auf einem Bein in der Reihe hüpft.

Hab mein liebes Schäflein verloren

Ein Kind ist der Schäfer. Die anderen stehen im Kreis. Der Schäfer geht, evtl. begleitet von einem Erwachsenen, rings um den Kreis und beschreibt ein Schäflein, d. h. ein Kind aus der Runde. Sobald die anderen herausbekommen haben, welches Schäflein gemeint ist, wird dieses beim Namen genannt und ein anderes Kind darf Schäfer sein.

Schäfer: «Hab mein liebes Schäflein verloren!»
Alle: «Wo hast du es denn verloren?»
Schäfer: «Hier irgendwo habe ich's verloren»
Alle: «Was für Augen hat es denn?»
Schäfer: «Blaue!»
Alle: «Was für Haare (Schuhe, Hosen) hat es denn?» usf.

Mein rechter Platz ist leer

Alle sitzen im Kreis. Rechts neben einem Spieler ist noch ein Platz frei. Er ruft jetzt: «Mein rechter Platz ist leer. Ich wünsche mir den Martin her.» Jetzt ist neben einem anderen der rechte Platz leer geworden. Dieser ruft wieder einen Spieler usf.

Päckchen verschicken

Ein Mitspieler geht in die Kreismitte. Er versendet ein Päckchen von Peter zu Marie. Wenn die beiden aufstehen und ihre Plätze tauschen, kann der Mittlere versuchen, einen Platz zu erwischen. Wer übrig bleibt, verschickt nun ein Päckchen.

Hinterm Ofen steht er

Alle sitzen im Kreis. Einer wirft einem anderen ein geknotetes Tuch zu und reimt etwas zu seinem Namen, wie z. B.

«Ich bin der Peter,
hinterm Ofen steht er.»

Julian fängt das Tuch. Er sagt nun z. B.

«Ich bin der Julian,
ich hab einen Pullover an.»

und wirft das Tuch ebenfalls weiter usf.

Pause

Mit ersten kleinen Spielen haben sich die Kinder untereinander vertraut gemacht. Ob sie nun erst einmal eine Stärkung brauchen, oder ob sie noch Geduld haben für eine kleine Pause, um sich dem Geschenketisch (s. Seite 101) zuzuwenden, das lässt sich jeweils abspüren.

So wird also entweder vor oder nach der festlichen Tafel eine Pause eingelegt, in der es in Ruhe Gelegenheit gibt, die Mitbringsel auszupacken und zu würdigen.

Wenn es die Kinder schon danach drängt, etwas zu trinken und zu essen, dann begeben sich erst einmal alle zur festlichen Tafel, und es wird nachher in Ruhe ausgepackt.

Festtafel

Der Kuchen ist fertig,
er duftet ganz frisch.
Hurtig ihr Kinder,
kommt alle zu Tisch.

Der Kuchen ist aufgetragen, auch die Getränke stehen bereit. Die Gäste werden zur festlich gedeckten Tafel (s. Seite 53) gebeten. Wer vermeiden will, dass es dabei zu Uneinigkeiten über den vermeintlich besten Platz kommt, der konnte schon vor dem Fest Platzzeiger (s. Seite 54 f.) vorbereiten. So können die Kinder in Verbindung mit einem Spiel ihren Sitzplatz finden.

Wenn alle um den festlichen Tisch sitzen, kann man erst einmal das Geburtstagskind mit einem Lied hochleben lassen:

Hoch sollst du leben

Text: überliefert, Satz nach A. Künstler

Spiele

Mit dem Essen halten sich die Kinder meistens nicht lange auf. Wichtiger sind ihnen die Spiele, die es anschließend geben wird. Wer ein Kinderfest vorbereitet, kann sich darauf einrichten, dass die Frage: «Machen wir jetzt Spiele?» irgendwann im Laufe des Nachmittags auftauchen wird. Wenn die Festtafel zu Ende ist, mögen die Kinder nicht mehr sitzen. Jetzt ist der Gastgeber als Spielleiter und auch als Mitspieler gefragt.

Die Spiele, die es nun geben wird, wurden schon vor dem Fest ausgewählt und altersgerecht zusammengestellt. Wichtig ist, dass genügend Spiele vorbereitet sind. Lieber zu viele, als zu wenig. Man kann vorher nie genau wissen, wie viel Zeit man für die einzelnen Aktivitäten braucht.

Spielfolge

Bewährt hat sich, wenn es bei den Spielen Ausgewogenheit gibt. Ein rhythmischer Wechsel zwischen Aktion und Entspannung ist die Grundlage eines gelungenen Kinderfestes. Wenn z. B. ein Laufspiel dem anderen folgt, sind die Kinder bald außer Rand und Band. Gibt es dagegen ein Tischspiel nach dem anderen, wird es langweilig. Ruhiges und Bewegtes muss sich abwechseln. So ist z. B. die festliche Tafel ein Ruhepunkt, bei der die Gesellschaft zum Ausatmen kommen kann. Davor und auch danach ist ein Bewegungsspiel gerade das Richtige.

Der Erwachsene als Spielleiter

Damit die Kinder ins Spielen kommen, brauchen sie die Unterstützung des Erwachsenen. Er übernimmt die Spielleitung und begleitet die Gesellschaft durch den Nachmittag. Für die Kinder gibt es am Festtag so viel Ungewohntes und Aufregendes, dass sie damit überfordert wären, auch noch die Spiele zu leiten. Der Erwachsene kann leichter Überblick behalten und z. B. auch darauf schauen, dass jeder zum Zuge kommt. Ein unentschlossener Gastgeber, der mit den Kindern erst am Festtag beraten möchte, welches Spiel gespielt werden könnte: «Ja, was meint ihr denn?», wird es schwer haben, die Kinder für gemeinsame, vergnügliche Spiele zu begeistern.

Wenn es nur irgendwie geht, wird ein Teil der Spiele nach draußen verlegt, damit die Kinder Gelegenheit haben, sich auszutoben. Dies ist vor allem notwendig, wenn die Gesellschaft in einer beengten Wohnung zusammenkommt und auch dann, wenn das Fest länger als zwei Stunden dauern soll.

Abschlussspiel

Ein Kinderfest ist erst richtig abgerundet, wenn es zum Ende des Festtages noch etwas Besonderes gibt. Verschiedene Vorschläge für Abschlussspiele mit jüngeren und mit älteren Kindern finden sich ab Seite 200. Wenn das Fest zu Ende ist, kann man es mit einem Abschiedslied ausklingen lassen:

Heim woll'n wir gehn

Kehraus nach einem Kärntner Volkslied

Heim, heim, heim, heim, heim woll'n wir gehn.
Lied ist aus, Spiel ist aus, Tanz ist aus, al - les ist aus.
Heim, heim, heim, heim, heim woll'n wir gehn.

Das Fest ist zu Ende

Wenn die Gäste dann gegangen sind, ist unübersehbar, dass hier in der Wohnung noch vor kurzem reges Leben geherrscht hatte. Es waren viele Eindrücke. Die Spielkameraden sind fort. Da wollen die eigenen Kinder nicht gleich wieder zur Tagesordnung übergehen und etwa mithelfen, die Wohnung aufzuräumen.

Nach einem Fest wird weiterhin eine nicht alltägliche Stimmung in der Wohnung sein. Es will noch etwas nachklingen und die Kinder empfinden das. Sie möchten sich noch einmal mit dem beschäftigen, was es heute gegeben hat.

Abends im Bett

Wenn die Kinder nach allen Aufregungen endlich im Bett liegen, dann haben sie es gerne, wenn sich die Mutter, der Vater noch ans Bett setzt. Es war ein ereignisreicher Tag und da kann man nicht gleich einschlafen. Es tut gut, noch einmal ein bisschen über das zu sprechen, was gewesen ist.

Hans hat eine Gefährtin, die jeden Abend bei ihm vorbeischaut. Es ist die Traumfee. Wenn sie da ist, fällt ihm das Plaudern ganz leicht. Dabei tut sie gar nichts weiter. Sie ist einfach nur da und hört ein wenig zu, was Hans den Tag über erlebt hat. Heute, am Ende des Festtages hat Hans besonders viel zu erzählen.

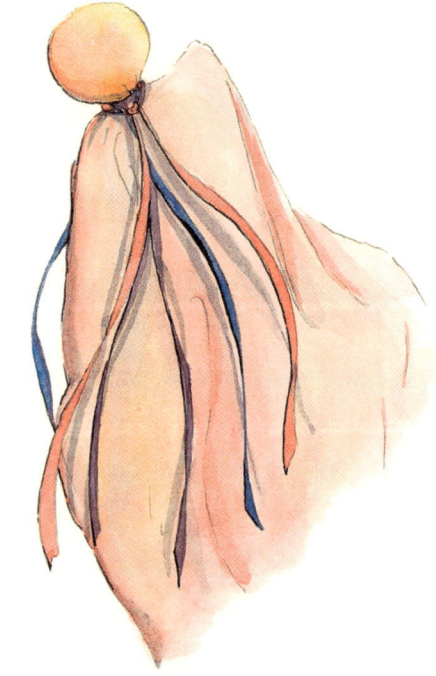

Spiele nicht nur für Feste

Miteinander spielen

Heute sind viele Kinder da.
Das ist ein Fest, juchhei, hurra!
Wir machen lauter tolle Sachen.
Wir hüpfen, singen, tanzen, lachen.
Jonas, Marie und Alexander,
und alle spielen miteinander.

Spiele gehören zu jedem Kinderfest. Wenn Kinder zu einer Einladung gehen, dann freuen sie sich vor allem darauf, dass dort Spiele gespielt werden können, die erst zu mehreren richtig Spaß machen.

Auf dieses Bedürfnis der Kinder, miteinander in Aktion zu kommen, kann sich der Erwachsene bei der Vorbereitung des Festes einrichten: Spiele gleich zu Beginn, Spiele als eigenen Programmpunkt, Spiele zwischendurch sind das Wichtigste bei einem Kinderfest. Auch wenn es mal nicht mehr so recht weitergehen will, wenn wieder neuer Schwung gebraucht wird, kann ein Auflockerungsspiel (s. Seite 132–140) mehr bewirken als alle vernünftigen Worte.

Natürlich sind nicht alle Spiele gleichermaßen beliebt. Es gibt Vorlieben oder auch Abneigungen. Ein Spiel, das im Programm vorgesehen wurde, muss man nicht durchziehen, wenn es nicht ankommt, ebenso wird man nicht «Topfschlagen» anbieten, wenn dies nicht gewünscht wird. Ältere Kinder lehnen Beschäftigungen ab, bei denen sie sich als «Baby» vorkommen.

Spiele für ein Fest werden altersgerecht ausgewählt. Dies ist im vorliegenden Buch anhand der Alterssymbole leicht möglich.

Gewinnspiele

Bei Kinderfesten werden oft Spiele angeboten, bei denen es etwas zu gewinnen gibt, wenn eine bestimmte Aufgabe gelöst wird – und doch ist kaum jemand so recht glücklich damit. Da ist die Frage: Was soll man als Gewinn verteilen? – Selbstgemachtes ist hier kaum erwünscht. Wenn der Erwachsene etwas einkauft – zum Naschen oder kleine Spieldinge – dann hat er einige Lauferei, bis alles beisammen ist, sein Geldbeutel ist belastet und das «Richtige» wird er selten treffen.

Die Freude der Kinder über die Dinge, die sie gewinnen, hält sich meistens in Grenzen. Oft sieht sich einer am anderen leid: da hätte z.B. dieser viel lieber das, was jener gewonnen hat, oder jemand ist unzufrieden, weil er sich nicht mit einem Trostpreis zufrieden geben will. Oft wird dann gefeilscht und verhandelt, ob man nicht dieses gegen jenes eintauschen könnte, und über allem Hin und Her kann eine unbeschwerte Spiellaune schnell dahin sein.

Viele Gastgeber, die derartige Erfahrungen gemacht haben, wollen bei Kinderfesten bewusst keine Preise mehr verteilen. Sie sind davon überzeugt, dass das Besondere eines Festtages in unserer Zeit nicht mehr darin besteht, einen Gegenstand zu gewinnen. Heute, da die Kinder ohnehin so viel Krimskrams besitzen, hat ein Gewinn keinen hohen Stellenwert mehr. So erscheint es sinnvoll, sich lieber ausführlicher mit der Gestaltung eines Festprogrammes zu beschäftigen und Aktivitäten vorzubereiten, die Kinder sonst im Alltag nicht haben können.

Spielen nur in Festtagslaune?

Ein Kinderfest ist vorbereitet, das Programm zusammengestellt, die Spiele ausgesucht. Wenn dann die Festgesellschaft beisammen ist, wünscht man sich als Gastgeber, dass es an diesem Nachmittag harmonisch zugeht: Die Kinder sind gut gelaunt. Sie haben Lust, überall mitzumachen. Alle verstehen sich, niemand will sich besonders hervortun. Kurz gesagt: «Heile Welt».

Hier begegnen sich Wunschdenken und Wirklichkeit: Wer Kindergesellschaften erlebt hat, weiß, dass auch bei einem gut vorbereiteten Fest die Stimmung leicht abflauen kann. Der Gastgeber kann leichter damit umgehen, wenn er darauf eingerichtet ist.

Bei den alten Griechen hat man gewusst, dass das Edle und Ideale nur auszuhalten ist, wenn es auch Gelegenheit gibt, aus der Harmonie auszubrechen. Dem apollinischen Element war auch ein dionysisches beigesellt. So folgte z.B. nach einer Reihe von Dramen zum Schluss immer ein Satyrspiel.

Ausgewogenheit fand sich auch bei den alten Kinderspielen. Hell und Dunkel standen sich gegenüber und immer wieder war die Möglichkeit gegeben, Dampf abzulassen. Zu vielen Spielen gehörte es, Spottverse zu singen. Keiner schöpfte Verdacht, dass die eigene Persönlichkeit daran Schaden nehmen könnte, wenn «der schwarze Mann» kam oder die «schwarze Köchin», wenn man bei Blindekuh-Spielen ins «faule Ei» gehen sollte oder wenn man beim Hinkekasten auch mal in die «Hölle» hüpfte. Es war gar keine Frage, dass alles nur ein Spiel war. Außerdem wusste man, dass aus einem Verlierer im Nu wieder ein Sieger werden kann.

Heute fehlt zumeist diese Unbekümmertheit beim Spielen. Der Wunsch nach Harmonie ist so stark, dass viele der früher höchst beliebten Beschäftigungen bei Kinderfesten kaum noch angeboten werden, weil man nicht will, dass sich jemand zurückgesetzt fühlen könnte.

Spiele ohne Sieger

Gewinnen und Verlieren gehören zum täglichen Leben. Keinem kann ständig alles gelingen. Wem etwas immer nur glatt von der Hand geht, der könnte das rechte Augenmaß verlieren und sich selbst für unerreichbar halten. Die Frage ist auch, wie Kinder später eine Niederlage einstecken, wenn ihnen von klein auf die Möglichkeiten vorenthalten wurden, auch mal eine Schlappe zu erleben.

Bei klassischen Kinderbeschäftigungen, wie Rate-, Lauf- und Wettspielen, kann es immer wieder vorkommen, dass der eine oder andere dabei ist, der es kaum verkraftet, wenn er nicht die Lösung eines Rästels weiß oder wenn ein anderer der Erste ist.
Wer schon erlebt hat, wie in einer gerade noch ausgeglichenen Gruppensituation eine Missstimmung auftreten kann, wenn Kinder dabei waren, die nicht verlieren konnten, wird sich vielleicht veranlasst sehen, bei einem nächsten Fest lieber Spiele anzubieten, die frei von jedem Wettbewerbsverhalten sind.

Wenn man für ein Kinderfest nur so genannte Spiele ohne Sieger auswählt, garantiert das nicht, dass es immer friedlich und harmonisch zugeht. Mädchen und Buben lassen sich nicht unbedingt in Musterkinder verwandeln, weil ein Fest angesagt ist.

In den letzten Jahren ist mit den «New Games» der Trend aufgekommen, Spiele mit durchaus gleichwertigen Rollen anzubieten. Für viele Gastgeber klingt es verlockend, nur solche Spiele herauszusuchen, bei denen niemand hervortreten kann, nur weil er etwas besser oder schneller zuwege bringt als andere. Wenn jedoch ein Kind bei einem Fest beschließt zu provozieren, trotzig zu sein oder einfach nicht mehr mitzumachen, helfen friedfertige Spiele allein auch nicht weiter.

Beim Spielen

Es ist nichts Ungewöhnliches, dass die Harmonie eines Festnachmittages gelegentlich gestört wird. Ob der Erwachsene erst mal abwartet, oder früher oder später darauf reagiert, wenn sich ein Kind aus seinem augenblicklichen Empfinden heraus in eine Außenseiterrolle begibt, das wird von Mal zu Mal verschieden sein. Manchmal ist es notwendig, sich gleich etwas einfallen zu lassen.

Was macht sie jetzt?

Sieben Kinder sind heute gekommen. Mit dem Geburtstagskind sind es acht. Gleich von Anfang an ist es ziemlich bunt zugegangen. Besonders Florian, der zum ersten Mal hier ist, scheint überhaupt nicht zu bändigen zu sein. Ständig will er im Mittelpunkt stehen. Jetzt ist es so weit, dass alle zur festlich geschmückten Tafel gebeten werden. Als die Kinder sitzen, zündet die Mutter die große Geburtstagskerze an. Florian erhebt sich, beugt sich vor und bläst die Flamme aus. – Einen Moment ist Stille. – Alle schauen gespannt auf die Gastgeberin. «Was macht sie jetzt?»

«Bloß nicht gleich explodieren», denkt sich die Mutter. Sie hat zum Glück schon einige Erfahrung im Umgang mit Kindern. So leicht lässt sie sich nicht aus der Ruhe bringen: «Oh, ich habe ja noch etwas vergessen», sagt sie, «und ich wollte schon das Geburtstagslicht anzünden. Wir können ja noch gar nicht anfangen! Florian, du hast das gleich bemerkt.» Jetzt ist es Florian, der verdutzt schaut – er weiß eigentlich gar nicht ...

Die Mutter blickt in die Runde: Ob schon jemand entdeckt hat, was noch vergessen wurde? – Jetzt sind auch die anderen nicht mehr passiv und warten, was geschieht. Sie fühlen sich angesprochen und versuchen, zu erraten, was vergessen wurde: Kuchengabeln? Torte anschneiden? Geburtstagsglöckchen läuten? Ein Spiel?

Die Mutter bittet die Kinder, einen Augenblick zu warten. Sie kehrt zurück mit Fridolin. Fridolin ist eine einfache Handpuppe, nichts Besonderes: ein buntes Gewand, ein paar Wollhaare auf dem runden Kopf – und trotzdem faszinierend. Er gewinnt immer alle Herzen, wenn er auftaucht. So auch heute. Fridolin ist etwas außer Atem. Ein Glück! Er hat es gerade noch geschafft, zu dem Fest zu kommen, wo er sich doch

schon so darauf gefreut hatte, die Kinder zu sehen. Jetzt will er sie ganz schnell noch begrüßen: die Sabine, die Anna, den Florian, den Timmi, die Julia, den Christoph …

Schließlich entdeckt er den Kuchen. Fridolin wünscht sich, dass er die Kerze anzünden darf – aber mit den Streichhölzern, das traut er sich nicht alleine.

Es ist Florian, der da eine Idee hat: Er sagt, er würde sich schon trauen, die Kerze anzuzünden, wenn der Fridolin nur die Schachtel gut festhält. Ja, das ist eine gute Idee. Das finden auch die anderen. So kann der festliche Schmaus beginnen. Fridolin probiert auch noch von den guten Sachen, dann setzt er sich in eine gemütliche Ecke. Von dort aus will er jetzt ein bisschen zugucken bei dem Fest.

Keine Patentrezepte

Unvorhergesehene Zwischenfälle bei einem Kinderfest können sehr vielfältig sein. Auch wenn alles noch so gut geplant und vorbereitet ist, kann es sein, dass jemandem irgendetwas nicht behagt. Gründe, Unmut zu äußern, gibt es immer: ein Kind kommt beim Spielen nicht als Erster dran, will unbedingt der «Bestimmer» sein, möchte nicht mitmachen, will fortwährend im Mittelpunkt stehen, oder es ist etwas anderes.

Patentrezepte, wie man als Spielleiter damit umgehen kann, gibt es nicht. Man kann jedoch davon ausgehen, dass es so gut wie niemals persönlich gemeint ist, wenn sich jemand unvermittelt aus der Gruppe löst. Manchmal kann es einem Kind auch eine gewisse Genugtuung bereiten, nein zu sagen oder trotzig zu sein und auf sich aufmerksam zu machen.

Nein, aber nein

Alte bayr. Melodie, Worte aus Österreich

Nein, nein, al-le-weil kann man net, nein, nein, nein, a-ber nein! All-weil kann man net lus-tig sein. Nein, nein, nein, a-ber nein.

2. Ja, ja, wenn einer grantig ist, ja, ja, ja aber ja!
Schiebt, schiebt, schiebt man in'n Ofen 'rein, ja, ja, ja aber ja.

Aus Vaters Hosentasche

Die Kinder sind gerade bei einem Kreisspiel. Hans ist ungeduldig. Jetzt ist schon zweimal ein anderer drangekommen und nicht er. Jetzt mag er nicht mehr. «Ach, das ist ja doof!», meint er. «Spielen wir was anderes!» Das Spiel macht aber den anderen Kindern offensichtlich Vergnügen. Der Vater reagiert erst mal nicht. Er hat keine Lust, sich drausbringen zu lassen. – Wieder kommt ein anderer an die Reihe. – «Ach Mensch», ruft Hans, «so ein blödes Spiel!» Jetzt hat er endgültig genug. Er läuft aus dem Kreis. Die anderen Kinder schauen auf. Was wird jetzt sein? Der Vater will sich immer noch nicht aus der Ruhe bringen lassen. Hans heult nun. Allgemeine Unruhe entsteht. Nun ist es wohl doch Zeit, etwas zu unternehmen.

Der Vater ist einen Augenblick unschlüssig. Er steckt die Hände in die Hosentaschen und überlegt, was er machen soll. Plötzlich hat er eine Idee: «Schaut mal, was ich da habe!», ruft er. Er hat eine große Glasmurmel in der Hand. «Wisst ihr, was das ist?» – «Eine Murmel!» – «Ja, sieht wie eine Murmel aus, aber die ist nicht so wie andere. Es ist eine ungewöhnliche Glaskugel, eine ... Zauberkugel», verkündet der Vater und schaut die Kinder an. – Auch Hans kommt, um die Glaskugel zu sehen: «Pah – Zauberkugel!», sagt er, «so was gibt's doch gar nicht! Das ist doch eine ganz normale Kugel! So eine hab ich auch zu Hause!» – «Ich finde, du hast Recht, sie schaut wirklich ganz normal aus. Das ist eben das Besondere! Dann sieht nicht jeder gleich, dass es eine Zauberkugel ist. Aber wenn du willst, darfst du sie jetzt einmal halten und dann wirst du es schon merken. Wer die Zauberkugel in der Hand hält, dem fällt bald etwas ganz Schönes ein: vielleicht ein Spiel, ein Rätsel oder ein Lied.»

Hans zuckt die Achseln. Er zögert noch. Aber als Peter und dann auch Lisa unbedingt die Kugel haben wollen, nimmt er sie doch. Er hält sie ganz fest. Ob die Kugel nun ihren Zauber getan hat oder nicht ... Ein anderes oder besseres Spiel ist dem Hans nicht gleich eingefallen, aber das hat ja auch noch Zeit, denn jetzt gehen erst mal alle in die Küche. Da gibt es etwas zu essen, hat der Vater gesagt.

Das trotzige Hänschen

«Hänschen, komm wir spielen!»
«Nein, Marie, ich spiel heut nicht.»

«Hänschen komm, wir springen!»
«Nein, Marie, ich spring heut nicht.»

«Hänschen, komm wir singen!»
«Nein Marie, ich sing heut nicht!»

«Du willst nicht spielen,
willst nicht springen,
und willst auch kein Liedchen singen?»

«Nein, nein, nein!»

«Wenn du nicht magst, dann bleib allein,
und sitz nur ruhig auf deinem Stein.
Ich will zu den andern gehn,
will lachen und im Kreis mich drehn. –
Hei, lustig ist das Ringelreihn!»

Hänschen sitzt auf seinem Stein,
doch was soll es hier allein?
Jetzt kommt's von selber hinterdrein.
und reiht sich einfach so mit ein.

Annehmen und verwandeln

Bei einem Zwischenfall kann es genügen, ein wenig abzuwarten. Oft glätten sich die Wogen ohne weiteres Zutun, und die Kinder machen von sich aus dann doch mit, auch wenn sie erst etwas anderes gesagt haben, ebenso wie das «trotzige Hänschen». Verlassen kann man sich allerdings nicht darauf, dass ein Kind sich von alleine dazu entschließt, wieder mitzumachen. Zuweilen können Kinder in ihrem Groll sehr beharrlich sein. Also heißt es: flexibel sein. Das vorgenommene Festprogramm kann warten. Jetzt geht es erst einmal darum, die Situation anzunehmen und zu verwandeln.

Gutes Zureden – so viel weiß jeder aus dem täglichen Umgang mit den Kindern – hat selten den gewünschten Erfolg. Oft lässt sich dadurch Entspannung schaffen, dass man die Gesellschaft in Aktivität bringt. Wenn die Kinder Gelegenheit haben, sich zu bewegen und rhythmische Spiele (s. Seite 134 ff.) zu spielen, gelingt es ihnen anschließend leichter, sich wieder an die Gruppe anzugliedern.

Ich mach nicht mehr mit!

Philipp kann nicht stillhalten. So im Kreis mit den anderen zu stehen, das macht ihm offensichtlich Mühe. Er mag das nicht, und was er nicht mag, das macht er nicht: «Ach ist das langweilig!», stöhnt er. Er geht aus dem Kreis und holt sein Spielzeugauto aus der Hosentasche. Das lässt er nun hin- und herfahren. Dabei guckt er immer wieder zu den anderen hinüber. Er will sehen, was sie machen.

«Schau, wir spielen doch jetzt gerade so schön, jetzt mach halt mit!», bittet die Mutter. – «Ha und nein! – Jetzt gerade nicht!», trotzt Philipp. Ihm gefällt es jetzt, dass alle auf ihn schauen und auf die Mutter. – Was wird sie machen? Die Mutter sagt nichts mehr. – «Das Bitten war schon zu viel», denkt sie bei sich. So beendet sie mit den Kindern erst mal das, was sie mit ihnen angefangen hat. Nun aber kommt Bewegung in die Gesellschaft: Das nächste Spiel ist «Luftballon» (s. Seite 136). Ein lustiges Spiel. Arme und Beine kommen tüchtig in Bewegung dabei, und man muss unweigerlich lachen. Als die Mutter dem Philipp eine Hand reicht, kommt er ohne weiteres wieder in den Kreis. Jetzt ist er wieder mitten unter den anderen. So ernst war es ihm mit seinem Schmollen dann doch nicht.

Auflockerungsspiele

Wohin also damit, wenn sich in dem einen oder anderen etwas aufstaut, wenn Kinder unruhig werden, sich von gemeinsamen Spielen zurückziehen oder mehr oder weniger lautstark auf sich aufmerksam machen?

Worte schaffen da selten Abhilfe. Mit Trösten, Beraten, Beschwichtigen oder gutem Zureden lässt sich kaum etwas erreichen. Wenn wieder neuer Schwung gebraucht wird, kann man die Kinder ohne viel Aufhebens dazu anregen, aus dem Schmollwinkel her-

auszukommen und sich wieder einzugliedern: ein Sing- oder Bewegungsspiel mit einem eigenwilligen Takt und Rhythmus, Scherzrätsel, Wortverdreher oder ein lustiges Lied kann die Stimmung auflockern. Wenn es etwas zum Lachen gibt, kommt die Gesellschaft am ehesten wieder in Schwung.

Auflockerungspiele passen zu jedem Fest, auch dann, wenn es keine besonderen Zwischenfälle gibt. Die Kinder werden Spaß daran haben, wenn der Gastgeber einige davon auf Lager hat.

Singen und lachen wirkt befreiend. Es bringt den Kehlkopfbereich in Aktion. Manche Spannung, die sich in dieser Region aufstauen kann, löst sich, wenn man miteinander singt und lacht.

Tomatensalat

Worte und Weise: überliefert

Ziehharmonika

Die Spieler reichen sich die Hände und stehen dicht beieinander im Kreis. Wenn das Lied beginnt, gehen alle nach außen: der Kreis dehnt sich, so weit es geht, aber er darf nicht reißen. Dann zieht er sich wieder zusammen usf. Das Lied wird beliebig oft wiederholt.

überliefert

1. Wir haben eine Ziehharmonika.   – *ausdehnen*
Didel, dudel, didel, dudel, schrumm, schrumm, schrumm.   – *zusammenziehen*
Wir haben eine Ziehharmonika.   – *ausdehnen*
Didel, dudel, didel, dudel, schrumm.»   – *zusammenziehen*

2. Wir tanzen …
3. Wir singen …
4. Wir spielen … etc.

Wir fahren nach Amerika

überliefert

Ri - ra, rutsch-ka-ka, wir fah - ren nach A - me - ri - ka,
(gesprochen): wenn das gro°e Wasser kommt, kehrn wir wieder um.

Die Spieler bilden einen Kreis und fassen sich an den Händen. Singend und kräftig stampfend bewegen sie sich auf die Kreismitte zu. Bei «und wenn das große Wasser kommt …» dreht sich jeder geschwind mit dem Gesicht nach außen, reicht seinen beiden Kreisnachbarn die Hände, und der Kreis dehnt sich wieder usf.

Hinein in den kleinen Kreis, umdrehen, hinaus in den großen Kreis und wieder umdrehen – entsprechend dem Liedtext.

Auswiegen

 Zwei Spieler stellen sich Rücken an Rücken und haken sich unter. Ein Spieler bewegt sich mit Oberkörper und Armen nach vorne. Dadurch zieht er den anderen hoch. Der lässt sich nun zum Boden herunter und zieht damit seinerseits den Partner nach hinten.

Das Spiel wird öfters wiederholt. Paare, die mit dem Auswiegen fertig sind, bleiben untergehakt und versuchen gemeinsam, sich hinzusetzen und wieder aufzustehen. Das ist gar nicht so einfach. Es gibt viel zu lachen dabei.

Luftballonspiel

 Die Spieler stellen sich so dicht wie möglich im Kreis zusammen und reichen sich die Hände. Gleich wird ein Luftballon aufgeblasen: Alle pusten, dabei dehnt sich der Kreis immer mehr nach außen. Bald ist der Luftballon ganz groß. Vorsicht, gleich platzt er: Die Luft geht heraus. Hui, jetzt schrumpft er wieder zusammen – die Spieler bilden rasch wieder einen engen Kreis. Jetzt kann gleich noch mal ein Luftballon aufgeblasen werden usf.

Wortspiele

Wenn man die Aufmerksamkeit der Kinder auf etwas anderes lenken will, können Wortspiele eine willkommene Auflockerung sein.

Ab acht Jahren, wenn die Kinder das Schreiben einigermaßen beherrschen, ist es für viele ein wahres Vergnügen, mit Worten zu spielen. Wer versteht das, wenn Doppelworte verdreht ausgesprochen werden? Was ist gemeint, wenn es heißt: Stienenbich, Tandhasche, Spanzange, Kussnuchen, Laschwappen, oder wer kann die Namen der Mitspieler rückwärts hersagen: Retep, Ennasus, Mairim, Nahpets, Sualokin …?

Ein beliebtes Spiel bei Kindern, bei dem es viel zu lachen gibt, sind die so genannten Zungenbrecher. Sie werden möglichst schnell gesprochen.

Zungenbrecher

- Die Katze tritt die Treppe krumm.
- Flinke Finken fliegen flink.
- Metzger wetz dein Metzgermesser.
- Fischers Fritze fischte frische Fische.
- Esel essen Nesseln nicht, Nesseln essen Esel nicht.
- Essig ess ich nicht. Ess ich Essig, ess ich Essig nur im Kopfsalat.
- Schneiders Schere schneidet scharf. Scharf schneidet Schneiders Schere.
- Wenn Fliegen hinter Fliegen fliegen, fliegen Fliegen Fliegen nach.
- Ich steck meinen Kopf in'n kupfernen Topf, in'n kupfernen Topf steck ich meinen Kopf.

Wer weiß, was das ist?

– Stiefel tern
– Schnürsen Kehl
– Lei Sekretär an
– Cufortis stalleris
– Tonz Igel
– Dicurentum serum

– Blumento Pferde
– Siwi netsi
– Erasmus Suppasi
– Tiefe Beene
– Hemder Mehl
– Dicurentas vium

Wortverdreher

Doppelwörter lassen sich so zusammenfügen, dass sich über kurz oder lang eine Schlange bildet. Die Schlange ist fertig, sobald es gelingt, dass die erste Wortsilbe zur letzten wird.

Pelz-Jacke
Jacken-Ärmel
Ärmel-Stoff
Stoff-Mantel
Mantel-Knopf
Knopf-Loch
Loch-Stickerei
Stickerei-Spitze
Spitzen-Schal
Schal-Kragen
Kragen-Pelz

Scherzfragen

 Einige Scherzfragen zwischendurch tragen immer zur Erheiterung bei. Sie sind sozusagen eine Würze für zwischendurch. Scherzspiele sind jedoch nicht geeignet, hintereinander weg gespielt zu werden. Ihr Effekt liegt in der Überraschung. – Also nicht zu viel des Guten, sie verlieren sonst ihren Charme!

Auf welche Frage kann niemand mit ja antworten?

Ruft der Kuckuck vor Pfingsten oder nach Pfingsten?

Warum macht der Hahn die Augen zu, wenn er kräht?

Was ist, wenn der Kaminkehrer in den Schnee fällt?

Soll man Eierschnee mit der rechten oder mit der linken Hand schlagen?

Warum schaut sich der Hase um, wenn die Hunde ihn jagen?

Was ist der Unterschied zwischen einem Elefanten und einem Floh?

Wo sagen Fuchs und Hase einander Gute Nacht?

Was hält wärmer als ein Pelz?

Wenn man von 7 brennenden Kerzen drei ausbläst, wie viel bleiben übrig?

Wie oft lässt sich die Zahl 5 von 15 abziehen?

Wann wird in den Alpen das Heu gemäht?

Wie sagt man Postbote ohne o?

Wie kam Napoleon auf den Thron?

Sieben Heuhaufen und fünf Heuhaufen werden zusammengefahren, wie viele Heuhaufen gibt das?

Wenn ein Ziegenbock mit den Vorderbeinen in Österreich und mit den Hinterbeinen in Italien steht – wer darf ihn dann melken?

Nimm's nicht so ernst

Ich habe eine seltsame Aufgabe, sagt A. Wer möchte sie ausprobieren? B. ist bereit.

A.: Sage 10-mal hintereinander «sieden».
   B sagt 10-mal hintereinander «sieden».
A.: Und wo geht die Sonne auf?

A.: Sage 10-mal hintereinander «Wald».
   B sagt 10-mal hintereinander «Wald».
A.: Und wie ist das Wetter im Sommer?»

Spiele für drinnen

Kreisspiele

Das Zusammenkommen im Kreis ist ein wichtiges Element, wenn mehrere Kinder zu einem Spielnachmittag geladen sind. Der Kreis verbindet alle miteinander. Die geschlossene runde Form zeigt von außen, was auch jeder spüren kann, der sich im Kreis befindet: man ist mit einbezogen, man gehört dazu – auch wenn man noch nicht jeden kennt. Die verschiedenen Spiele, die für ein Fest vorbereitet sind, können mit einem Kreisspiel beginnen.

Wir woll'n den Kranz winden

Überliefert

1. Wir woll'n den Kranz win-den, so win-den wir den Kranz. Für die Ju-lia hübsch und fein soll der Kranz ge-wun-den sein.

2. Wir woll'n den Kranz lösen,
so lösen wir den Kranz.
Bei der Julia lieb und fein,
soll der Kranz gelöset sein.

 Die Spieler gehen im Kreis. 1. Strophe: Nacheinander nimmt jedes Kind, dessen Namen gesungen wurde, die Arme über Kreuz. Ist der Kranz fertig gebunden, folgt die 2. Strophe: Jeder, dessen Name gesungen wurde, löst die Arme wieder.

Auszähler

Bei vielen der nachfolgenden Spiele braucht man einen, der den Anfang macht. Mit einem Auszähler lässt sich herausfinden, wer das sein wird.

Ri, Ra, Ru
und draus bist du!

Ene, mene, mink, mank,
pink, pank
use, buse, acka, deia
eia, weia, weg.

Eins, zwei, drei,
Butter ist im Brei,
Salz ist im Speck
und du musst weg.

Ich und du,
Müllers Kuh,
Müllers Esel, der bist du.

Ene mene mei und du bist frei.

Eins, zwei, drei,
du bist frei,
frei bist du noch lange nicht,
sag mir erst, wie alt du bist!

Eins, zwei, drei, vier, fünf, sechs, sieben,
Eine alte Frau kocht Rüben,
eine alte Frau kocht Speck
und du bist weg.

Bello der Wachhund

 Ein Kind darf Bello der Wachhund sein. Es sitzt mit verbundenen Augen auf einem Stuhl oder Hocker in der Mitte, da soll es einen Schlüsselbund bewachen, der unter seinem Sitz liegt. Ein anderes Kind ist der Dieb. Er schleicht sich an und versucht, den Schlüssel wegzunehmen. Wenn Bello Acht gibt, gelingt es ihm, den Dieb zu schnappen. Gelangt der Dieb jedoch unbemerkt an seinen Platz zurück, rufen alle: «Bello, Bello!» – Jetzt darf Bello die Augenbinde abnehmen und «schnüffeln», wer den Schlüsselbund geholt hat. Wenn er den Dieb herausfindet, wird dieser in der nächsten Runde Bello sein.

Ringlein, Ringlein, du musst wandern

 Die Spieler sind im Kreis. Jeder legt seine Handflächen zusammen und hält die Hände vor sich. Tina hat zwischen ihren geschlossenen Handflächen ein Ringlein. Sie geht von einem zum anderen und versucht, dieses so unauffällig wie möglich einem der Spieler in die Hände gleiten zu lassen.

Danach zählt der Erwachsene mit einem Reimchen ein Kind aus. Dieses darf nun raten, wer das Ringlein hat:

Nun rate du mein liebes Kind,
wo sich das Ringlein wohl befind.

Worte und Weise: überliefert

Ring-lein, Ring-lein, du musst wan-dern von dem ei-nen zu dem an-dern. Das ist hübsch. Das ist schön. Lass das Ring-lein nur nicht sehn!

Was war es denn nur?

Alle Mitspieler sitzen im Kreis. Im Spiel ist das ein großer Gemischtwarenladen, in dem es alles zu kaufen gibt. Hans geht hinaus. Der Spielleiter sagt ihm draußen, was er einkaufen soll, z.B. Briefpapier. Hans kommt wieder herein. Nun sollen die anderen raten, wie das heißt, was er einkaufen soll. Er zeigt, wie es aussieht: Hans beschreibt mit den Händen ein Rechteck.

Die anderen versuchen herauszubekommen, was es sein könnte: Sie fragen z.B.: «Brauchst du den Gegenstand zum Essen, Trinken, Spielen, Schreiben …?» Derjenige, der benennen kann, was Hans einkaufen sollte, geht nun hinaus. Der Spielleiter sagt ihm etwas anderes, was er einkaufen soll.

Wer ist der Dirigent?

Peter geht kurz hinaus. Die anderen sind im Kreis. Mitten unter ihnen wird einer zum Dirigenten erwählt. Peter wird wieder hereingerufen. Er soll erraten, wer es ist. – Die anderen summen oder singen ein Lied. Dazu spielen sie abwechselnd auf verschiedenen, imaginären Instrumenten (Flöte, Geige, Trommel, Klavier, Trompete etc.).

Gerade noch haben alle auf Flöten gespielt, jetzt aber schlagen sie die Trommel. Peter schaut sich um. Auf einmal bewegen alle die Finger zum Klavierspiel. Wer kann denn der Dirigent sein? Wenn Peter es herausbekommen hat, fängt eine neue Spielrunde an. Ein anderer geht kurz hinaus, bis wieder ein Dirigent bestimmt ist.

Schwarze Kunst

 Alle sitzen im Kreis. Ein Kind geht kurz hinaus. Die anderen machen einen Gegenstand aus, der erraten werden soll. Wenn das Kind hereinkommt, muss es herausfinden, welcher es ist. Der Spielleiter fragt z. B. «Ist es die Uhr?» – «Nein!» – «Ist es der Sessel?» – «Nein!» – ... etc. «Ist es die Blume neben dem schwarzen Klavier?» – «Ja!» – Die anderen staunen, wie es das herausgebracht hat. – Jetzt geht das nächste Kind heraus.

Du hast es – du hast es nicht

Die Kinder sitzen im Kreis. Der Spielleiter führt das Spiel. Er denkt sich einen bestimmten Gegenstand aus, den mehrere Kinder an sich tragen, z. B. Haarspange, T-Shirt, Jeans, Hausschuhe, Pullover, braune Haare etc.

Er geht um den Kreis herum von einem zum anderen und sagt nur: «Du hast es» oder «du hast es nicht». Die Kinder versuchen zu erraten, was er damit meint.

Madamchen fährt Eisenbahn

 Madamchen wird ausgezählt und darf sich einen Hut aufsetzen. Ein Stuhlkreis (ein Platz weniger als Mitspieler) wird so aufgestellt, dass die Sitzflächen nach innen zeigen. Es ist die Eisenbahn. Alle Mitspieler sitzen, nur Madamchen mit dem Hut hat keinen Platz. Sie steht in der Mitte und schaut sich um. In der Eisenbahn gibt es ein ständiges Ein- und Aussteigen. Jeweils zwei Mitspieler vereinbaren durch Zublinzeln, ihre Plätze zu tauschen. Wenn es Madamchen dabei gelingt, sich auf einen Platz zu setzen, wird ein anderer, der nun keinen Platz hat, Madamchen sein und den bunten Hut aufsetzen.

Wer klopft?

 Alle sitzen im Kreis. Martin will als Erster raten. Er steht auf und legt seinen Kopf in die Hände des Erwachsenen, so dass er nichts sehen kann. Da kommt ein anderer aus dem Kreis, klopft ihm leicht auf den Rücken und setzt sich wieder. Nun rufen alle:

> Wer klopft, wer klopft,
> wer hat's getan?
> Wem sieht man's an der Nase an?

Martin schaut in die Runde. Ob er herausbekommt, wer geklopft hat?

Stille Post

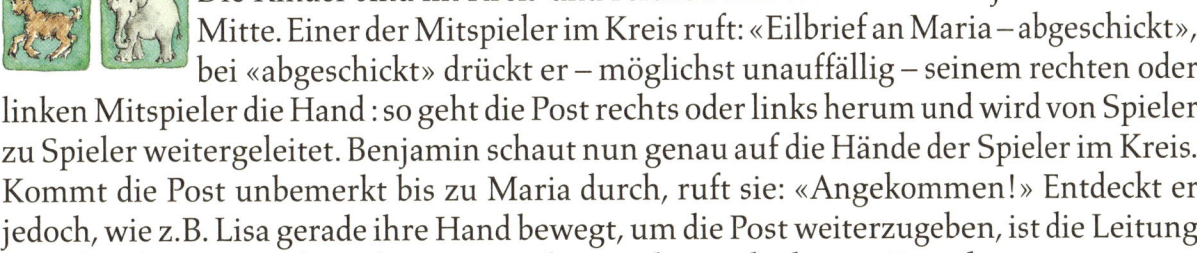 Die Kinder sind im Kreis und reichen sich die Hände. Benjamin ist in der Mitte. Einer der Mitspieler im Kreis ruft: «Eilbrief an Maria – abgeschickt», bei «abgeschickt» drückt er – möglichst unauffällig – seinem rechten oder linken Mitspieler die Hand: so geht die Post rechts oder links herum und wird von Spieler zu Spieler weitergeleitet. Benjamin schaut nun genau auf die Hände der Spieler im Kreis. Kommt die Post unbemerkt bis zu Maria durch, ruft sie: «Angekommen!» Entdeckt er jedoch, wie z.B. Lisa gerade ihre Hand bewegt, um die Post weiterzugeben, ist die Leitung unterbrochen. Lisa geht in die Mitte und ein anderer schickt eine Post ab.

Tante aus Amerika

Alle sitzen im Kreis. Max sagt zu Nina, seiner linken Nachbarin: «Meine Tante aus Amerika ist gekommen.» – Nina: «Was hat sie dir denn mitgebracht?» – Max: «Ein Schaukelpferd.» – Max und Nina beginnen zu schaukeln. – Jetzt sagt Nina zu Anna, ihrer linken Nachbarin, ebenfalls: «Meine Tante aus Amerika ist gekommen.» – «Was hat sie dir denn mitgebracht?» – «Ein Schaukelpferd.» – Auch Anna schaukelt nun. Das Gespräch wird gleichermaßen ringsum fortgesetzt, bis alle schaukeln.

Das Spiel wird von Runde zu Runde lustiger, denn die Tante hat viele weitere Gegenstände mitgebracht, die bewegt werden können: z. B. einen Kochlöffel (rechte Hand rührt), eine Säge (linke Hand sägt), Nähmaschine (mit dem Fuß treten). Irgendwann ist dann keine neue Bewegung mehr möglich, aber rufen kann man noch. Wenn es also in einer folgenden Runde heißt: Die Tante hat einen Esel mitgebracht, rufen alle: «I-A, I-A!»

Kofferpacken

 Alle sitzen in der Runde und packen etwas in einen großen imaginären Koffer ein. Da heißt es gut aufpassen, denn bevor man selbst etwas dazupacken kann, muss man aufzählen, was die anderen der Reihe nach hineingelegt haben.

Einer sagt z. B. «Ich packe meinen Koffer und nehme eine Taschenlampe mit.» Der Nächste: «Ich packe meinen Koffer und nehme eine Taschenlampe und eine Taucherbrille mit.» Der Nächste: «Ich nehme eine Taschenlampe, eine Taucherbrille und einen Schlafsack mit» usf. ... Je mehr in den Koffer hineinkommt, um so spannender wird es. Man kann viele Runden spielen, bis es endlich zu schwierig wird, sich alles zu merken.

Reise mit dem Flugzeug

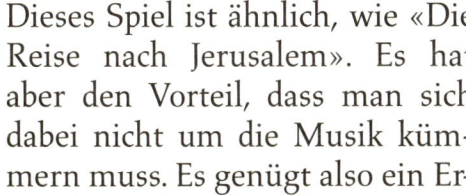 Dieses Spiel ist ähnlich, wie «Die Reise nach Jerusalem». Es hat aber den Vorteil, dass man sich dabei nicht um die Musik kümmern muss. Es genügt also ein Erwachsener als Spielleiter.

Die Stühle werden so in den Kreis gestellt, dass die Sitzflächen nach außen zeigen (ein Stuhl weniger als Mitspieler). – Der Pilot führt die Reise an. Sind bei dem Spiel viele Kinder dabei, läuft er mit ihnen rings um die Stühle, sind nur wenige da, kann vom Stuhlkreis weg durchs ganze Zimmer gezogen werden.

Der Pilot beschreibt die Reise und bewegt sich dazu. Die Mitspieler machen alle seine Bewegungen nach: Sie breiten wie er die Arme aus und laufen mehr oder weniger schnell hinter ihm her. Der Pilot sagt z. B: «Das Flugzeug hebt ab, es steigt hoch hinauf. Jetzt fliegt es schnell und immer schneller... Bald sind wir da. Unter uns ist schon überall Eis. – Der Nordpol ist in Sicht – Achtung, bald landen wir. Das Flugzeug sinkt schon, es wird langsamer, noch langsamer ... Vorsicht! ... Landung!» – Bei dem Stichwort «Landung» versucht jeder, einen Sitzplatz zu erreichen. Wer übrig bleibt, darf nun Pilot sein.

Man kann natürlich auch zu anderen Reisezielen fliegen, z.B. nach Afrika, nach Amerika etc.

In rätselhafter Runde

Kettenraten

Drei bis vier Mitspieler gehen hinaus. Inzwischen verabreden die anderen eine Tätigkeit, die als Pantomime, also ohne Worte, dargestellt werden soll, z. B. Holz hacken, Kuchen backen, Haare schneiden etc.

Wenn der Erste hereinkommt, führt man ihm diese Tätigkeit vor. Er stellt dem Nächsten, der hereingerufen wird, die Bewegungen dar, so wie er sie gesehen hat usf. Der Letzte, der hereinkommt, erlebt oft eine sehr veränderte Version der Tätigkeit. Errät er, was dargestellt wurde?

Dieses Spiel macht besonders Spaß, wenn das Vorführen in mehreren Schritten gestaltet wird: Bei der Tätigkeit «Holz hacken» wird erst mal der Hackstock richtig hingerückt. Dann wird ein Holzstück daraufgelegt, die Axt wird geprüft, ob sie gut scharf ist, dann wird gehackt.

Was liegt auf dem Tisch?

Etwa 20 verschiedene Gegenstände werden auf einen Tisch gelegt und mit einem Tuch abgedeckt. Der Spielleiter lüftet das Tuch etwa für eine Minute, dann deckt er alles wieder zu. Wer weiß noch, was auf dem Tisch liegt?

Was ist anders?

Es werden zwei Spielergruppen gebildet – eine geht für kurze Zeit hinaus. Die Zurückbleibenden verständigen sich, was sie im Zimmer verändern werden, z. B. Teppich hochschlagen, Schranktür öffnen, Blumenvase versetzen, Stuhl verrücken etc. Dann werden die anderen hereingerufen. Sie müssen herausfinden, was anders ist. – Wenn alle Veränderungen herausgefunden wurden, geht die andere Spielergruppe hinaus und das Spiel wird gleichermaßen fortgesetzt.

Schau uns an!

Die Spieler sitzen im Kreis. Je nach Gruppengröße werden nun 1 – 2 Kinder ausgezählt. Sie dürfen sich jetzt noch einmal gut in der Runde der Mitspieler umschauen, dann gehen sie kurz hinaus. Inzwischen wechseln die anderen im Raum Gürtel, Jacken, Brillen, Ketten etc. Die beiden Mitspieler werden wieder hereingerufen. Sie versuchen zu erraten, was sich an den Mitspielern verändert hat.

Wir fahren nach Amsterdam

Bei diesem Spiel gibt es etwas zu erraten. Sobald einer es herausbekommen hat, gibt er nur ein Fingerzeichen und behält des Rätsels Lösung noch für sich, damit auch andere noch raten können. Das Spiel wird in einigen Runden gespielt, damit mehrere herausfinden können, um was es geht.

Alle sind im Kreis. «Wir fahren nach Amsterdam», ruft der Spielleiter. Reihum sagt jeder, was er nach Amsterdam mitnehmen möchte. Der Spielleiter beginnt.

Wünscht er, dass es in der ersten Runde Gegenstände zum Anziehen sein sollen, sagt er z. B. «Ich nehme einen Pullover mit nach Amsterdam.» Wenn nun nacheinander die anderen sagen, was sie mitnehmen wollen, dann antwortet der Spielleiter entweder:

«Ja, das kannst du in Amsterdam gut gebrauchen» oder er sagt: «Nein, das kannst du ruhig daheim lassen, so etwas braucht man nicht in Amsterdam.» – In jeder folgenden Runde nennt der Spielleiter einen Gegenstand für einen anderen Bereich. Nach den Gegenständen zum Anziehen kann beim nächsten Durchgang z. B. etwas zum Essen, zum Kochen, zum Gärtnern, zum Musizieren, zum Nähen, etc. gebraucht werden. Wer die Lösung weiß, der wird dann auch das Passende einpacken.

Blindekuhspiele

«Blindekuh» heißen Spiele, bei denen einem Mitspieler die Augen verbunden werden. Durch Generationen hindurch gehörte «Blindekuh» zu den beliebtesten Unterhaltungen. Man spielte es früher mit großer Ausdauer. Heute wollen Kinder meistens nicht allzu lang bei diesem Spiel verweilen. So werden hier nur zwei der vielfältigen Spielversionen angeführt.

Blauer Fingerhut

Worte und Weise: überliefert

Blau - er, blau - er Fin - ger - hut steht dem Pe - ter
Pe - ter, du musst tan - zen in dem grü - nen
Pe - ter, du musst stil - le - stehn und dich drei - mal
Pe - ter, du musst ni - cken und je - mand zu dir

gar so gut. Lo - cke wen du willst!
Kran - ze.
rund - um - drehn.
schi - cken.

Die Kinder bilden einen Kreis und fassen sich an den Händen. Peter ist in der Mitte. Seine Augen sind mit einem Tüchlein verbunden. Er macht alle Bewegungen, die gesungen werden. Am Schluss, wenn es heißt: «Peter, du musst nicken und jemand zu dir schicken», deutet Peter z. B. auf Inge. Sie kommt in den Kreis. Nun werden ihr die Augen verbunden und das Spiel beginnt von neuem.

Vöglein und Jäger

Worte und Weise: überliefert

1. Es singen viele Vögelein in einem grünen Wald
und alles freuet sich der Zeit. Halt! Halt! Halt!

2. Ei ei mein lieber Jägersmann, da habt ihr euch geirrt.
Es war ein andres Vögelein, das kam daher geschwirrt.

Der Jäger steht mit verbundenen Augen im Kreis. Die anderen Spieler sind die Vöglein. Sie gehen im Kreis und singen. Nach der ersten Strophe tippt der Jäger auf ein Vöglein und fragt: «Vöglein, wie piepst du?» – Das Vöglein antwortet mit verstellter Stimme: «Piep». Wenn nun der Jäger herausbekommt, wer das Vöglein ist, werden die Rollen getauscht. Errät er es nicht, dann singen die Kinder die zweite Strophe. Der Jäger fragt wieder. Das Spiel geht so lange, bis der Jäger ein Vöglein erkennt.

Pfänderspiele

Schiff in Not

Auf dem Tisch steht eine mit Wasser gefüllte Schüssel. Als Schiff dient ein umgedrehter Marmeladenglasdeckel. Es wird reihum gewürfelt. Wer eine sechs hat, füllt einen Suppenlöffel voll Wasser in das «Schiff». Das muss im Verlaufe des Spieles immer vorsichtiger geschehen, denn es soll nicht untergehen. Jedes Mal, wenn jemand Wasser in den Deckel füllt, wird ein Reim gesprochen:

> Schifflein, bleib oben,
> dann will ich dich loben.

Ein Pfand gibt derjenige, bei dem das Schiff sinkt.

Alle Vögel fliegen hoch

Die Spieler sitzen um den Tisch und klopfen mit den Zeigefingern auf die Tischkante. Wenn der Spielleiter ruft: «Alle Vögel fliegen hoch», heben alle ihre Hände hoch in die Luft. Doch nun heißt es: aufpassen, denn der Spielleiter wird Weiteres in die Luft fliegen lassen. Er hebt dabei jedes Mal die Hände, auch wenn etwas nicht fliegen kann. Die anderen dürfen ihre Hände nur dann hochheben, wenn etwas genannt wird, was wirklich fliegen kann, sonst müssen sie ein Pfand abgeben. Weiter geht's: «Alle Enten fliegen hoch!» – «Alle Frösche fliegen hoch!» – Peter hat nicht aufgepasst, er hat auch die Frösche fliegen lassen. Ein Pfand ist fällig. Das Spiel wird immer schneller: «Alle Meisen fliegen hoch!» – «Alle Pinguine fliegen hoch!» – «Alle Tische fliegen hoch» …

Das Spiel wird beendet, wenn einige Pfänder beisammen sind.

Aber ich!

 Dieses Spiel wird möglichst rasch gespielt. Ein Mitspieler hat ein geknotetes Taschentuch. Er wirft es einem anderen im Kreise zu und sagt dabei einen verneinenden Satz. Der Fänger antwortet darauf immer: «Aber ich!» So ruft z. B. der Werfer: «Ich lecke nie meinen Teller ab.» – Antwort: «Aber ich!» – «Ich bohre nie mit dem Finger in der Nase!» – Antwort: «Aber ich!» etc. – Wer zu lange mit der Antwort wartet oder vergisst, «aber ich» zu sagen, gibt ein Pfand ab.

Feuer, Wasser, Luft, Erde

 Dieses Spiel wird in der Runde gespielt. Ein geknotetes Tuch oder ein Ball wird hin und her geworfen. Der Werfer nennt eines der Elemente, er ruft z. B. «Feuer». Der Fänger nennt einen dazu passenden Begriff z.B. «Ofen», dann wirft er das Tuch (den Ball) einem anderen zu und ruft z. B. «Luft». Der Fänger nennt nun z. B ein Lebewesen, das sich in der Luft bewegt. Wenn ihm nichts einfällt, gibt er ein Pfand ab.

Warst du schon mal in Afrika?

Alle sitzen im Kreis, und reihum stellt jeder an seinen linken Nachbarn eine einfache Frage, die sich sinngemäß mit ja oder nein beantworten lässt. – Aber aufgepasst! Die Frage muss stumm beantwortet werden. Also wenn einer z. B. gefragt wird: «Warst du schon mal in Afrika?», dann ist die Antwort ein Nicken oder ein Kopfschütteln. Wer jedoch spricht, der gibt ein Pfand ab.

Flinkes Kissen

 Die Stühle werden mit etwas Abstand kreisförmig so aufgestellt, dass die Sitzflächen nach innen zeigen. Ein Mitspieler bleibt ohne Platz, er bekommt dafür das flinke Kissen und wandert damit außen um den Kreis herum. Die anderen Spieler sitzen immer nur kurz im Kreis. Sie wechseln auf ein vereinbartes Zeichen hin ständig ihre Plätze. Kaum sitzen sie, müssen sie sich schon wieder zu einem andern Stuhl bewegen. Gelingt es dem Spieler außerhalb, das flinke Kissen auf einen gerade frei gewordenen Stuhl zu werfen, gehört der Platz ihm, und ein anderer wandert auf die gleiche Weise außen herum. Fällt ihm jedoch das flinke Kissen vom Stuhl oder wirft er es daneben, so gibt er ein Pfand ab.

Verschiedene Tiere

 Die Spieler sitzen im Kreis. Jeder legt sich einen Tiernamen zu: z. B. Hund, Katze, Esel, Frosch. – Der Spielleiter erzählt eine improvisierte Geschichte, in der abwechselnd einer der Tiernamen vorkommt. Wer genannt wurde, ahmt sofort seine Tierstimme nach. Wer es vergisst, zahlt ein Pfand.

Regenwolke

Ein Stück ungesponnene Schafswolle oder ein wenig Watte ist die Regenwolke. Da kommen die Winde von allen Seiten und wollen die Regenwolke wegblasen: Die Mitspieler sitzen möglichst dicht um den Tisch und versuchen, die Regenwolke fortzublasen. Fliegt bei einem Spieler die Wolke auf der rechten Seite hindurch, zahlt er ein Pfand.

Familie Klein

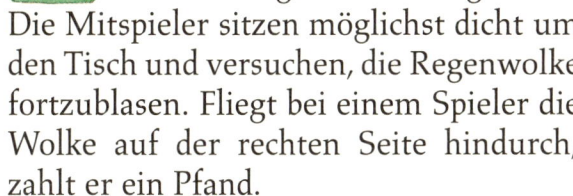
Familie Klein ist eine große Familie. Es gibt genauso viele Familienmitglieder wie Spieler: Jeder bekommt eine Rolle als Mutter, Vater, Großmutter, Großvater, Tochter, Sohn, Onkel, Tante, Enkel, Hündchen, Kätzchen etc.

Der Spielleiter erzählt irgendeine frei erfundene Geschichte, in der möglichst oft von den Mitgliedern der Familie Klein gesprochen wird, also von der Mutter, dem Vater etc. – Wer gerade genannt wird, erhebt sich rasch von seinem Sitz und verneigt sich. Ruft der Spielleiter «Familie Klein», müssen alle aufspringen. Wer genannt wird und vergisst aufzustehen, der gibt ein Pfand ab, oder er darf die Geschichte weitererzählen.

Tellerdrehen

Zu diesem Spiel wird ein Holzteller oder ein Topfdeckel benötigt. Alle Spieler stehen im Kreis. Einer nimmt den Teller und stellt sich in die Mitte. Er setzt den Teller mit dem Rand auf den Boden und dreht ihn um seine Achse, dabei ruft er:

Teller, Teller dreh dich,
Hans komm und bück dich!

Derjenige, der gerufen wurde, springt herbei und versucht, den Teller während des Drehens aufzufangen. – Gelingt es ihm nicht und der Teller fällt um, ist ein Pfand fällig.

Immer noch kein Pfand?

Bevor die Pfänder ausgelöst werden, sollte möglichst von allen Mitspielern mindestens ein Pfand abgegeben sein. So ist das Auslösen dann spannend für alle. Jeder kann neugierig sein, ob es vielleicht gerade ein eigener Gegenstand ist, der zum Auslösen aufgerufen wird.

Bei einer Reihe von Pfänderspielen hat z. B. Anna immer noch kein Pfand hergegeben. Vielleicht kann man ihr bei einem der folgenden Spiele doch noch ein Pfand abgewinnen?

Weder ja noch nein!

Wer noch kein Pfand abgegeben hat, kann sich von allen anderen Mitspielern befragen lassen, er darf aber nie mit ja oder nein antworten, sonst ist ein Pfand fällig. Da fragt jemand zum Beispiel: «Hast du heute schon gefrühstückt?» Die Antwort heißt dann etwa: «Gefrühstückt habe ich.» – «Gab es auch Marmelade?» – «Marmelade gab es.» – «Isst du jeden Morgen Frühstück?» … etc.

Gefragt wird möglichst rasch. Fällt jemandem keine Frage ein, gibt er an den Nächsten weiter.

Ein Pfänderspiel, bei dem keiner ernst bleiben kann, ist das folgende:

Zeichen oder Zahl

Die Spieler sitzen auf dem Fußboden im Kreis. Ein Spieler nimmt eine Münze und setzt sich in die Mitte. Er wirft die Münze hoch. Fällt sie so auf den Boden, dass das Zeichen (Blatt, Tor, Adler etc.) nach oben zeigt, müssen alle anfangen zu lachen. Fällt sie dagegen so, dass die Zahl nach oben zeigt, müssen alle ganz ernst sein.

Bei dem Zeichen, mit den anderen zu lachen, das wird wahrscheinlich jedem gelingen, aber ernst bleiben, wenn die Zahl nach oben zeigt, das ist bei diesem Spiel gar nicht so einfach. Wer also bei Zahl aus Versehen lacht, gibt ein Pfand.

Sind genug Pfänder beisammen? Dann geht es ans Auslösen.

Pfandauslösen

 Die eingesammelten Pfänder werden unter einem großen Tuch verborgen. Der Spielleiter sitzt davor und berührt unter dem Tuch eines der Pfänder, dazu ruft er:

> Eins, zwei, drei, was soll der tun,
> dem dieses Pfand gehört?

Die Mitspieler nennen eine Aufgabe. Die Pfänder können auch zu zweit mit folgendem Spiel ausgelöst werden:

Herr Richter, was spricht er?

 Zwei Mitspieler werden ausgezählt: einer ist der Richter, der andere ist der Diener. Die beiden dürfen sich für ihr Amt verkleiden. Für die Kinder ist es sehr vergnüglich, wenn der Richter z. B. einen großen Hut und ein Jackett bekommt. Der Diener kann sich ein Tuch umhängen und eine Mütze bekommen.

Der Richter gibt nun – sehr würdevoll – das Zeichen zum Beginn. Der Diener berührt eines der Pfänder, die in einem Sack oder unter einem Tuch stecken. Niemand kann sehen, welches er in der Hand hat. Der Diener sagt:

> Herr Richter, was spricht er,
> wie löst man das Pfand in meiner Hand?

Der Richter berät sich mit den anderen Mitspielern und sagt eine Aufgabe.

Verschiedene Aufgaben zum Pfändereinlösen

– An den eigenen Strümpfen riechen.
– Sich in den großen Zeh beißen.

– Statue:
Wer die Aufgabe hat, eine Statue zu werden, muss sich auf einen Stuhl stellen. Einer nach dem anderen darf die Statue «plastizieren». Ein Künstler schiebt z.B. Susannes Arme seitwärts, ein anderer dreht ihren Kopf nach links, der Nächste bringt die Hände in eine besondere Stellung usw. Es werden natürlich keine allzu grotesken Verrenkungen gemacht, denn die Statue darf nicht umfallen.

– Die Arme verschränken, sich auf den Fußboden setzen und wieder aufstehen.
– Barfuß mit geschlossenen Augen über ein Sprungseil balancieren.
– Auf einem Bein um den Tisch hüpfen.
– Im Kreis herumgehen und jedem etwas Nettes sagen.
– Eine Melodie pfeifen, ohne dabei zu lachen.
– Unter einem Stuhl durchkriechen, ohne ihn umzuwerfen.
– Eine Münze auf dem Kopf durchs Zimmer tragen.
– Mit dem kleinen Finger den Zeigefinger der gleichen Hand berühren (ohne Hilfsmittel).
– Geradeaus schauen und über dem Kopf die beiden ausgestrecktem Zeigefinger mit den Fingerspitzen berühren.

– Pantomime:
Ein Handwerk oder eine Tätigkeit in Gebärden darstellen und die anderen raten lassen, was es ist.

– Durchs Fenster steigen:
Hände fest zusammenfalten, mit den Füßen durchsteigen – die Hände dabei nicht lösen.

Ratespiele

Adam hatte sieben Söhne

Adam hatte sieben Söhne.
Sie aßen nicht, sie tranken nicht,
sie waren alle liederlich
und machten so, wie ich!

 Der Vater führt eine Bewegung vor. «Ja, was machten sie denn?», fragt er. Jakob hat es erkannt: «Zähneputzen», sagt er.

Der Vater wiederholt das Sprüchlein und macht andere Bewegungen dazu vor. Die Kinder ahmen die Bewegungen nach, und sie dürfen raten, was sie bedeuten.

Fingerhut

 Bevor das Spiel beginnt, wird allen ein Fingerhut gezeigt. Während ein Kind kurz draußen ist, wird der Fingerhut so versteckt, dass er noch sichtbar ist. Das Kind wird wieder hereingerufen. Ob es den Fingerhut entdeckt?

Es geht zum Fenster. Da ist er nicht. Die anderen rufen: «Kalt!» – Es schaut hinter dem Vorhang: «Noch kälter!» – Es geht zum Schrank. Da heißt es schon: «Warm!» – Es kommt zum Tisch: «wärmer, noch wärmer». Wenn alle schließlich rufen: «heiß», dann steht es dicht davor. Der Fingerhut war gar nicht besonders versteckt. Ein Bub hat ihn sich auf den Kopf gesetzt.

Wo ist die Bohne?

 Der Spielleiter hat fünf gleiche, leere Streichholzschachteln. In eine davon legt er eine Bohne oder einen anderen kleinen Gegenstand. Er mischt die Schachteln vor den Augen der Kinder. Wer weiß jetzt noch, wo die Bohne versteckt ist?

Hat ein Kind richtig geraten, dann darf es nun selbst die Bohne verstecken, wenn es will, oder der Erwachsene wiederholt das Spiel. Dieses Spiel hat seinen besonderen Reiz, wenn es mit viel Ruhe gespielt wird.

Wo klingelt's?

 Peter verlässt kurz das Zimmer. Inzwischen stellen sich die anderen in einer Reihe auf. Einer hat ein Glöckchen. Er klingelt kurz damit, wenn Peter wieder hereinkommt. Wer hat damit geläutet? Wenn Peter es herausbekommen hat, werden die Rollen getauscht, und ein anderes Kind geht hinaus.

Lieder raten

 Bei diesem Spiel werden einfache, sehr bekannte Kinderlieder, wie z.B. Hänschen klein, Alle meine Entchen, Suse, liebe Suse, einmal nicht gesungen, sondern nur geklatscht. Die Kinder dürfen dann raten, welches Lied es ist.

Tierpantomime

Dieses Spiel wird gemeinsam mit den Kindern kurz vorbereitet. Der Spielleiter hat einige Zettel und bittet die Kinder, ihm verschiedene Tiernamen zu nennen. Er schreibt einen Tiernamen auf je einen Zettel, faltet ihn zweimal und legt ihn in ein Säckchen oder in eine Mütze. Jeder Spieler zieht sich einen Zettel und alle setzen sich in den Kreis. Nun kommt einer nach dem anderen in die Kreismitte und versucht als Pantomime, also nur mit den typischen Bewegungen, das gewählte Tier darzustellen. Die anderen raten dann, was es sein kann.

Ich weiß ein Tier

Einer denkt sich ein Tier aus und schreibt dessen Namen auf ein Stück Papier, so dass es niemand sehen kann. Dann sagt er: «Ich weiß ein Tier!» Durch Fragen versuchen die anderen herauszubekommen, was es für ein Tier sein könnte. Nur solche Fragen gelten, die mit ja oder nein beantwortet werden können. Also z. B.:

– Hat das Tier einen Pelz?
– Frisst es Fleisch?
– Hat es große Zähne?
– Hat es Hörner?
– Hat es Flügel?

Wer das Tier erraten hat, darf sich als Nächster eines ausdenken und aufschreiben. (Das Aufschreiben hat sich immer wieder als sinnvoll erwiesen, Kinder wählen sonst manchmal schnell noch ein anderes Tier, während die anderen raten.)

Variante: Dieses Spiel kann auch anders gespielt werden, z. B.: «Ich weiß eine Pflanze – einen Gegenstand».

Wer kann das sein?

 Alle Mitspieler sitzen in der Runde. Jeder notiert auf einem Bogen Papier seine Vorlieben.
Die Papiere werden je zweimal gefaltet, in einen Korb oder in einen Sack gegeben und ein wenig geschüttelt. Anschließend fischt sich jeder eines der Papiere heraus, und einer nach dem anderen trägt vor, was der Schreiber gerne hat. Die Mitspieler versuchen zu erraten, zu wem das passen könnte, was vorgelesen wurde.

Vorlieben:

– Lieblingsbeschäftigung
– Lieblingsfarbe
– Lieblingsspeise
– Lieblingstier
– eine Pflanze, die mir gefällt
– ein Beruf, der mir gefällt
– ein Buch für eine einsame Insel
– in diesem Land möchte ich gerne leben
– Schuhgröße

Teekesselchen

 Worte mit doppelter Bedeutung werden «Teekesselchen» genannt. Zwei Kinder gehen kurz hinaus und überlegen sich ein solches Wort wie z.B. Bremse. Abwechselnd bezeichnet nun jedes Kind sein Teekesselchen möglichst so, dass man nicht gleich herausbekommen kann, worum es sich handelt. Das erste Kind sagt z. B.: «Mein Teekesselchen braucht man beim Fahrradfahren.» Das zweite Kind sagt z. B. «Mein Teekesselchen kann fliegen» etc. Die beiden Kinder unterhalten sich vor den anderen Spielern so lange über ihre Teekesselchen, bis diese herausbekommen haben, worum es sich handelt.

Märchen raten

 Ein Märchenspiel macht Kindern viel Vergnügen. Es eignet sich auch gut als Überleitung zum Abschluss eines Festes. Bekanntere Passagen aus Grimms Märchen werden herausgesucht. Wer weiß, zu welchem Märchen sie gehören?

Die Guten ins Töpfchen,
die Schlechten ins Kröpfchen.

Macht auf, liebe Kinder, eure Mutter ist da und hat jedem von euch etwas mitgebracht.

Königstochter, jüngste,
mach mir auf,
weißt du nicht, was gestern
du zu mir gesagt
bei dem kühlen Brunnenwasser?
Königstochter, jüngste,
mach mir auf.

Ich bin so satt, ich mag kein Blatt:
Mäh! mäh!

Es war einmal ein armes frommes Mädchen, das lebte mit seiner Mutter allein, und sie hatten nichts mehr zu essen. Da ging das Kind hinaus in den Wald, und begegnete ihm da eine alte Frau, die wusste seinen Jammer schon und schenkte ihm ein Töpfchen …

Spiegelein, Spiegelein an der Wand,
wer ist die Schönste im ganzen Land?

Heute back ich, morgen brau ich,
übermorgen hol ich der Königin ihr Kind!

Kikeriki, unsere goldene Jungfrau ist wieder hie.

Viele weitere bekannte Textpassagen oder Sprüche lassen sich im Märchenbuch finden.

Gut aufpassen!

«Gestern fuhr ich mit dem Bus. Als ich einstieg, waren einundzwanzig Menschen im Bus. An der folgenden Haltestelle stiegen sieben ein. An der nächsten Haltestelle stiegen elf aus und dreizehn stiegen ein. Als der Bus wieder hielt, kamen sechs Menschen dazu und einer verließ ihn. Dann kamen zwei Haltestellen, an denen niemand ein- oder aussteigen wollte. Bei der nächsten Haltestelle stiegen dann außer mir noch drei Fahrgäste aus.
Habt ihr gut aufgepasst? Also, wie viele Haltestellen bin ich mit dem Bus gefahren?»

Wie soll das gehen?

Drei Mitspieler gehen hinaus. Die anderen bauen einen Turm aus Stühlen, Polstern etc. Peter wird als Erster hereingerufen. Drinnen zeigt einer der Spieler mit viel sagendem Blick zuerst auf den Turm, dann auf Peter: «Jetzt zieh deine Schuhe aus und spring drüber!»

Wortraten

Nina geht vor die Tür, die anderen bilden drei oder vier Gruppen. Man wählt ein drei- oder viersilbiges Wort, wie z. B. Zahnpasta oder Geigenkasten. Jede Gruppe übernimmt eine Silbe davon und ruft diese auf ein Zeichen hin, wenn Nina hereinkommt. Errät Nina nun, was für ein Wort das sein soll? – Wenn sie es nicht gleich herausbekommt, ruft die Gruppe noch einmal auf dieselbe Weise. Nacheinander können verschiedene Spieler hinausgehen und versuchen, das richtige Wort zu erkennen.

Rätsel

Ich bin ein kleines Männchen,
hab einen runden Kopf.
Und streicht man mir das Köpfchen,
dann brennt mein ganzer Kopf.

Darf man die Schwiegermutter der Frau
seines Bruders heiraten?

Ach liebe Leut, was dies bedeut:
Hat sieben Häut, beißt alle Leut!

Der arme Tropf
hat einen Hut und keinen Kopf
und hat dazu
nur einen Fuß und keinen Schuh.

Was ist das: wenn es gebraucht wird,
wirft man es herunter, wenn man es nicht
mehr braucht, holt man es herauf?

Es hat zwei Eingänge: Wenn man mit den
Füßen wieder draußen ist, ist man erst
richtig drinnen.

Was hat keinen Körper
und ist doch sichtbar?

Was geht durch's Fenster
und zerbricht es nicht?

Es läuft durch Stadt und Land
und bleibt doch, wo es ist?

Es hat einen Deckel, doch ist es kein Topf.
Es hat einen Rücken, doch fehlt ihm der Kopf.
Es hat viele Blätter – ein Baum ist es nicht.
Was ist's das ganz lautlos zu uns spricht?

In einer Familie gibt es drei Buben
und jeder hat eine Schwester.
Wievielköpfig ist die Familie?

Was wird kleiner, wenn man etwas dazu-
tut und größer, wenn man etwas weg-
nimmt?

Welches Tier hat die Knochen außen und
das Fleisch innen?

Es sieht aus wie eine Katze
und miaut wie eine Katze
hat 'nen Kopf wie eine Katze
und 'nen Schwanz wie eine Katze
und ist doch keine Katze.

Im Häuschen mit fünf Stübchen
da wohnen braune Bübchen.
Nicht Tür noch Tor führt ein und aus,
wer sie besucht, zerstört das Haus.

So weiß wie Schnee,
so rot wie Blut,
schmeckt allen Kindern gut!

Ein Fährmann soll einen Wolf, eine Ziege
und einen Kohlkopf über den Fluss fahren, aber jeden einzeln. Wie macht er das,
damit kein Unglück passiert, denn der
Wolf darf nicht die Ziege und die Ziege
nicht den Kohlkopf fressen.

Das erste muss die Wohnung haben.
Das zweite wird aus einem Knaben.
Das ganze Wort: Einer vom Bau.

Es hat kein Auge, keine Hand,
hat außerdem nicht mal Verstand,
doch malt es, wie kein Künstler kann,
im Augenblicke jedermann.

Es läuft morgens auf vier Beinen,
mittags auf zwei Beinen
und abends auf drei Beinen.

Zweibein saß auf Dreibein und aß Einbein!
Da nahm Vierbein Zweibein Einbein weg.
Da warf Zweibein Dreibein auf Vierbein,
und Vierbein ließ Einbein fallen.
Das ist wohl zum Lachen.
Was sind das für Sachen?

In den ersten schaust du rein.
Das zweite muss im Kuchen sein.
Das ganze gibt dann ein Gericht.

Tischspiele

Elektrisch

Hans geht vor die Tür, die anderen legen rasch einige Gegenstände auf den Tisch, z. B. Teller, Löffel, Gabel, Messer, Zahnstocher, Glas, Zuckerdose, Bleistift, Armbanduhr, Salzstreuer, Serviette etc. – Die Mitspieler machen aus, welcher der Gegenstände «elektrisch» sein soll. – Hans wird hereingerufen. Man sagt ihm, dass eines der Dinge, die auf dem Tisch liegen, elektrisch geladen ist. Er soll herausfinden, was das ist. – Hans denkt nach: «Der Bleistift», sagt er. «Probier mal», ruft Helmut. Hans berührt den Bleistift – nichts geschieht. Jetzt berührt er den Löffel, dann die Gabel. Er fasst den Salzstreuer an, da durchzuckt es ihn, dass er vor Schreck den Salzstreuer fallen lässt, denn die anderen rufen ungestüm: «Elektrisch!»

Nacheinander können noch weitere Spieler hinausgehen. Es wird dann jeweils ein anderer Gegenstand «elektrisch» gemacht.

Chinesisch essen

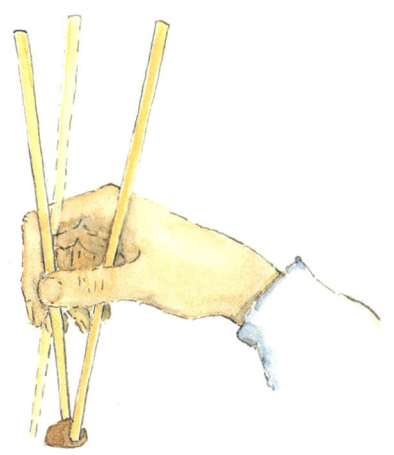

Für dieses Spiel braucht man einen großen Würfel, außerdem ein Schälchen mit «Studentenfutter», z. B. klein geschnittene getrocknete Früchte, Rosinen, Schokoladestückchen Bananenchips und für jeden Spieler zwei Essstäbchen, ersatzweise Schaschlikstäbchen.

Vor dem Spiel versucht erst einmal jeder, die Stäbchen so in einer Hand zu bewegen, dass sie sich an den unteren Enden zusammenführen lassen.

Mit einem großen Würfel wird reihum gewürfelt. Wer eine Sechs hat, der darf ein Stückchen nach dem anderen zwischen seine Stäbchen klemmen und so lange essen, bis ein anderer eine Sechs gewürfelt hat.

169

Stegreifspiele

Etwa um das neunte Lebensjahr herum legen die Kinder Wert darauf, dass es bei ihrem Fest verschiedene, früher geliebte Spiele, nicht mehr geben soll. Sie werden nun als «fad» und «langweilig» abgetan. Etwas anderes wird stattdessen gewünscht. Ein Spiel, bei dem alle mitmachen können, soll es sein.

Stegreifspiele bieten sich an. Hier hat jeder etwas zu tun. Keiner ist nur Zuschauer. Feste Regeln gibt es nicht und so kommen alle sehr schnell in Spiellaune. Es wird aus dem Augenblick heraus gespielt, und das beflügelt die Fantasie. Auch jemand, der sonst eher zurückhaltend ist, wagt es hier, einmal lebhaft zu sein, besonders dann, wenn er verkleidet ist. Eine Verkleidungskiste hat eine große Anziehungskraft auf Kinder. Schon vor dem Spiel wird gerne anprobiert, was sich darin befindet.

Verkleidungskiste

Eine Kiste oder ein Koffer mit Gegenständen zum Verkleiden gehört in vielen Familien zum Bestand. Abgelegte und kuriose Dinge gehören da hinein. Nach und nach lässt sich etwas dafür sammeln:

Hüte, Kopftücher, Schleier, Spitzen, Gürtel, Bänder, Jacken, bunte Röcke, Vaters alte Hose oder Krawatte, ein langes Kleid, Tücher, Gardinen, Bänder, ein Pelzkragen, Babyflasche, Rassel … Handtasche, Handschuhe, Mütze, größere Stoffreste, Pelzschwänzchen, Krone aus Goldpapier etc.

Wer noch keine Verkleidungskiste hat, sucht vor dem Fest Verschiedenes heraus und legt es auf einem Wäscheständer oder in einem Waschkorb bereit. Kinder übernehmen diese Aufgabe mit Begeisterung. Neben Kleidungsstücken kann man auch einiges aus dem täglichen Gebrauch dazugeben, z.B. Morgenmantel, Regenschirm, Spieltücher etc.

Wenn etwas zum Verkleiden bereitsteht, ist es für die Kinder sehr anregend, sich für die einzelnen Szenen äußerlich zu verwandeln. In einer anderen Hülle ist es auf einmal ganz leicht, selbst etwas vorzuspielen.

Spielen wir Scharade?

Spielen wir Scharade? – Ja, aber was ist das? – «Bei einer Scharade», sagt Lisas Vater, «denken sich immer zwei Spieler ein zusammengesetztes Wort aus, also z.B. Apfel-Baum. Dieses Doppelwort spielen sie dann vor, und die anderen müssen es erraten. – Ich führe das am besten erst einmal vor – mit einem neuen Wort natürlich. Wer macht mit?»

Peter ist gleich dabei. Die beiden gehen hinaus: «Was spielen wir denn?» – «Weißt du ein Wort?» – «Hm – Sonnenblume – oder – Blumentopf» – «Blumentopf? Ja, Blumentopf, das gefällt mir. Da spielen wir erst etwas zusammen, wo das Wort Blume vorkommt.» – «Wollen wir Blumengeschäft spielen oder Spaziergang?»

«Spaziergang ist gut. Wir können Mutter und Kind sein und zusammen spazieren gehen.» – Der Vater streift sich einen weiten Rock über seine Beinkleider und setzt sich einen Damenhut auf den Kopf. Peter will das Kind sein. Er ist ganz glücklich, als er in der Verkleidungskiste eine Bommelmütze findet. Das will er unbedingt aufsetzen. Er entdeckt noch ein Kindereimerchen. So gehen die beiden ins Zimmer.

Die Zuschauer drinnen sind gut aufgelegt. Sie sind neugierig, was jetzt kommt. Es wird eine kleine Szene gespielt, dazu wird gesprochen: Die Mutter spaziert mit dem Kind durch den Park. Sie will nach Hause gehen. Das Kind mag aber nicht, weil es noch so allerhand findet, was ihm gefällt: Stöckchen, einen schönen Stein, eine Blume … Nach dieser Szene gehen die beiden hinaus.

Das folgende Bild zeigt einen Haarschneider, der in seinem Beruf noch nicht so erfahren ist. Darum setzt er seinem Kunden einen Topf auf und schneidet (natürlich symbolisch) außen herum alles ab. Während des Spieles fällt mindestens einmal das Wort «Topf».

Irgendwann haben die anderen Kinder das gesuchte Doppelwort herausbekommen. Jetzt, da sie erlebt haben, wie das Spiel läuft, will gleich ein nächstes Spielerpaar hinausgehen. Bis ihr Auftritt beginnt, kann jeder schon einmal überlegen, mit wem er sich nachher zusammentun wird und welches Doppelwort sich spielen ließe.

Wortscharaden

 Bei Wortscharaden werden kleine improvisierte Szenen dargestellt, dazu wird gesprochen. Wortscharaden haben sich bei Kinderfesten besonders bewährt. Sobald die Kinder erlebt haben, wie man sie spielt, ist die Freude am Mitmachen geweckt. Von den verschiedenen Versionen, Scharaden auszuführen, mögen die Kinder diese besonders gerne. Hier kann jeder aus dem Augenblick heraus gestalten. Die Phantasie hat großen Freiraum. Die Kinder haben Spaß daran, allerlei Sinniges und Unsinniges dazu zu sprechen, wie es ihnen gerade einfällt.

Für Scharaden mit Doppelwörtern gehen immer zwei Spieler kurz hinaus. Sie überlegen sich möglichst rasch ein Doppelwort und zwei kurze Szenen, die sich dazu spielen lassen. Wird z.B. das Wort Pelz-Mütze gewählt, dann soll in der ersten Szene das Wort Pelz und in der zweiten Szene das Wort Mütze mindestens einmal vorkommen. Ort, Thema und Personen der Handlung werden beliebig gewählt.

Geübte Spieler können auch Scharaden mit dreifach zusammengesetzten Wörtern spielen bzw. erraten, z.B. Sommerblütenhonig, Briefmarkensammler etc.

Stegreiftheater

Filax mit dem schwarzen Naserl
Hans, das buntgescheckte Haserl,
Mutz, der Schnurr-Murr Kater,
sie alle spielen heut Theater,
nur hereinspaziert,
meine Herrschaften!

Oskar Wiener

 Aus dem Stegreif etwas spielen, das ist man nicht gewohnt und jede Aufforderung dazu kann leicht gezwungen wirken, denn wer lässt sich gerne verordnen, welche Rolle er übernehmen soll oder wie er etwas zu spielen hat?

Stegreifspiele sind für Kinder vor allem dann reizvoll, wenn sie sich ungezwungen fühlen können und wenn sie Gelegenheit haben, von sich aus, nach ihren eigenen Ideen in Aktion zu kommen.

Mit Schulkindern lassen sich z.B. einfache kleine Pantomimenspiele spielen. Sie können sich schon daran halten, wenn z. B. bei der Rätsel-Pantomime abgemacht wird, die Antwort auf eine Frage nur mit Gebärden darzustellen und nichts dazu zu sprechen.

Rätselpantomime

- Welcher Bock hat keine Hörner?
- Welcher Schneider braucht keine Schere?
- Welcher Baum hat keine Wurzeln?
- Welchen Garten kann man nicht gießen?
- Welcher Hut passt auf keinen Kopf?
- Welche Birne kann man nicht essen?
- Welcher Flügel hat keine Feder?
- Welcher Schuh passt nicht auf den Fuß?
- Welcher Hahn kann nicht krähen?
- Welcher Peter macht großen Lärm?

Ein Stegreiftheater gelingt am besten immer dann, wenn es spontan entsteht. Wenn es bei einer Festgesellschaft mindestens sechs Teilnehmer gibt, ist ein Stegreiftheater ohne weiteres zu improvisieren. Es lässt sich aufführen, ohne dass etwas geübt oder einstudiert werden muss. Das Einzige, was dafür vorzubereiten ist, sind verschiedene Materialien für drei Spielergruppen:

Wer – will – wo?

Für dieses Spiel denkt sich jeder drei beliebige Gegebenheiten aus: eine Person, eine Tätigkeit und einen Ort der Handlung und schreibt jede davon auf einen eigenen Zettel.

1. Zettel: wer?
Eine beliebige Person, z. B. altes Weiblein, Braut, Zuckerbäcker, Lokomotivführer, Kaminkehrer, Bademeister, Skifahrer …

2. Zettel: will?
Eine beliebige Tätigkeit, z. B. essen, singen, Zeitung lesen, Ball spielen, schwimmen, Feuer machen, tanzen …

3. Zettel: wo?
Ein beliebiger Ort, z. B. Segelschiff, Schulhof, Fußballplatz, Markthalle, Kaffeehaus, Bäckerei, Klassenzimmer …

Die Zettel werden jeweils zweimal gefaltet und auf drei verschiedene Haufen oder in Säcklein gelegt: wer – will – wo – und gemischt. Zwei Spieler beginnen:

Hans und Simon ziehen je einen wer?-Zettel. Hans: «Ich bin ein altes Weiblein.» Simon: «Ich bin ein Chef von einer großen Firma». Nun ziehen die beiden je einen will?-Zettel. Hans: «Ich will Schlittschuh laufen.» Simon: «Ich will Kuchen backen.» Jetzt müssen die beiden nur noch wissen, wo. Julia zieht für sie einen wo?-Zettel. Sie liest vor: «Im Pferdestall». – Alles lacht. Jetzt machen die beiden nur noch aus, wer anfängt und ohne Vorbereitung beginnen sie zu spielen. Gespielt wird so lange, bis sie eine Lösung finden, oder bis der Klügere nachgibt.

Dieses Spiel entwickelt sich meistens sehr lustig, vor allem, wenn die Begriffe, die gezogen wurden, seltsam zusammenpassen. Sobald ein Ende gefunden wurde, kann sich ein weiteres Spielerpaar auf eine überraschende Spielsituation einlassen.

Was wird daraus?

Spielmaterial für drei Gruppen:

A – farbige Spieltücher oder Schals
B – Tonpapier DIN A2, Schere, Wachskreiden
C – eine Rolle Makulaturtapete oder einige Zeitungsbögen, Schere, Wachskreiden

Das Spielmaterial liegt bereit. Die Spieler, einschließlich der Erwachsenen, finden sich in drei etwa gleich großen Gruppen zusammen. Jede Gruppe wählt sich A, B oder C als Spielmaterial.

Aufgabe ist, dass jede Gruppe mit Hilfe des ausgewählten Materials ein kleines Spiel vorbereitet, das nachher aufgeführt wird. Es wird dafür eine Viertelstunde Zeit vorgegeben. Jede Gruppe kann sich in eine ungestörte Ecke zurückziehen und sich etwas überlegen.

Erste Reaktion auf einen solchen Vorschlag ist dann oft: «Ach, was soll das?» – «Das kann ich ja nie!» – «Da fällt mir nichts ein.» – Aber dann sprudeln die Ideen. Und was sich dann aus dem Augenblick heraus entwickelt, ist überraschend und erstaunlich für alle. Die Möglichkeiten, die in diesen einfachen Materialien stecken, sind sehr vielfältig. – Die Minuten fliegen dahin. Wie kurz eine Viertelstunde ist!

Wenn die Gruppen nach der vereinbarten Zeit wieder zusammenkommen, führen sie das vor, was sie «ausgebrütet» haben. Der Beifall der anderen ist gewiss, und es wird viel miteinander gelacht. Ein schönes Festerlebnis.

Spiele für draußen

«Jetzt gehen wir hinaus und machen Spiele.» Die Kinder freuen sich über diese Ankündigung. Sie waren so lange in der engen Wohnung, nun haben sie Lust, sich zu bewegen. Schnell die Straßenschuhe angezogen und hinaus in den Park.

Fröhlich geht's den Weg entlang

Manchmal dauert es ein Weilchen, bis man die nächste Grünfläche erreicht. Der Weg führt oft am Bürgersteig entlang, da müssen alle hintereinander gehen.
Mit einem Spiel, zu dem sich die Kinder rhythmisch bewegen und mit den Füßen stampfen können, laufen sie gerne im Gänsemarsch.
Einfache Sprüche laden durch ihren Takt dazu ein, hintereinander im gleichen Rhythmus zu gehen:

Nudelsuppe, Nudelsuppe
Jeden Tag gibt's Nudelsuppe ….

Bohnensuppe
Linsensuppe … etc.

Knick und knack – Holz zerhack,
Knick und knack – in den Sack.

Zehn Paar rote Strümpf,
zehn Paar rote Strümpf,
zehn Paar rote linke Strümpf,
zehn Paar rote rechte Strümpf,
zehn Paar rote Strümpf.
Neun Paar rote Strümpf …

(Herunterzählen bis «Kein Paar…» und dann wieder bis «zehn Paar…»)

Endlich draußen!

Ist dann glücklich der Park oder eine Spielwiese erreicht, brauchen die Kinder die Gelegenheit, ihren Bewegungsdrang auszutoben. Natürlich ist es wichtig, dass sie in Sichtweite bleiben, deshalb wird das Spielfeld durch Baum, Busch, Weg, Bank etc. als Markierungsstellen bezeichnet. Nun dürfen die Kinder erst mal laufen und auch ein bisschen außer Atem kommen. Anschließend fällt es ihnen dann leichter, ruhigere Spiele gemeinsam mit anderen zu spielen. Nur – wie bekommt man sie wieder zusammen?

Kommt, wir machen jetzt einen Kreis!

Der Vater lässt die Kinder ein bisschen toben. Da kommt Tobias und fragt: «Du hast doch gesagt, dass du so schöne Spiele weißt! Spielen wir jetzt nichts?» – Marie gesellt sich dazu: «Ja, spielen wir wieder 'was zusammen?» – «Gerne», sagt der Vater. Er will die anderen herbeirufen: «Kommt einmal alle her!», ruft er und streckt erwartungsvoll die Arme aus. Aber nur Tobias ist da und Marie. Noch einmal ruft der Vater: «Kommt, Kinder, wir machen jetzt Spiele!» – Er wartet. – «Ach Mensch!», brummelt Tobias, «die kommen ja gar nicht!» «Psst», sagt der Vater, «jetzt sollt ihr mal sehen, wie schnell die anderen da sind.» Er beugt sich zu den beiden. Irgendetwas erzählt er ihnen. Was ist es nur? Man kann gar nichts verstehen. – Was machen sie denn dort? Das sieht sehr geheimnisvoll aus. Jetzt lachen sie zusammen. – Die anderen werden neugierig. Sie wollen natürlich auch wissen, was los ist. Und schon eilen sie herbei. «Ah, da seid ihr ja alle!», sagt der Vater, «wir haben uns nämlich ein ganz schönes Spiel ausgedacht.»

Kreisspiele für draußen

Kreisspiele, die man draußen mit den Kindern spielen kann, sind aus alten Zeiten überlieferte Sing- und Bewegungsspiele. Heute haben Kinder nicht mehr die Geduld wie früher, allzu lange bei solchen Spielen zu verweilen, und doch gehört wenigstens ein Kreisspiel dazu, wenn man mit einer Kindergesellschaft hinaus ins Freie geht.

Mit dem Singspiel von der Riesenschlange können sich alle Spieler der Reihe nach anhängen: Der Spielleiter bildet den Kopf der Schlange. Er singt dazu – und wer mag singt mit – mehrmals hintereinander die erste Strophe, bis alle angehängt sind. Die Schlange schlängelt noch ein wenig herum. Zur 2. und 3. Strophe findet sie sich dann zum Kreis zusammen.

Die Riesenschlange

Weise: überliefert

1. Seht die große Riesenschlange, sie geht aus zu ihrem Fange; hängt euch an den Schlangenschwanz. Kommt herbei zum Schlangentanz.

2. Seht die große Riesenschlange,
ei, nun ist sie schon ganz lange.
Sie will jetzt im Kreise gehn,
und bald bleibt die Schlange stehn.

3. … und jetzt bleibt die Schlange stehn.

Dreht euch nicht um

überliefert

Dreht euch nicht um, der Fuchs geht rum, sonst haut er euch den Buckel krumm.
gesprochen: «Plumps»

Die Mitspieler stehen im Kreis. Niemand darf sich umsehen. Einer ist der Fuchs, er trägt ein geknotetes Tüchlein mit sich. Bei «Plumps» berührt er ein Kind damit und lässt es fallen. Das geschlagene Kind hebt das Tuch auf und versucht, den Fuchs zu fangen. Gelingt das nicht, weil der Fuchs schon die Lücke im Kreis erreicht hat, so ist das nachlaufende Kind nun der Fuchs.

Mäuschen und Katze

Mäuschen und Katze werden ausgezählt. Die anderen Mitspieler reichen sich die Hände und bilden einen Kreis. Die Katze schleicht außen herum. Das Mäuschen ist in der Mitte. Solange es sich gut geschützt fühlt, kann es noch ein wenig übermütig sein. Die Spieler drehen sich im Kreis und singen (Noten wie «Ringlein …», Seite 145):

Mäuschen, lass dich nicht erwischen!
Spring nur über Bänk und Tische!
|: Husch, husch, husch, :|
Mäuschen, Mäuschen,
husch, husch, husch!

Wenn die Strophe beendet ist, steht alles still. Ein Frage- und Antwortspiel folgt:

Katze: «Ist das Mäuschen zu Haus?»
Kreis: «Nein!»
Katze: «Wo ist es denn?»
Kreis: «Es wäscht sich!»

Die Katze fragt noch zwei- bis dreimal und wieder heißt es: «Nein!» … «Es trocknet, kämmt, schminkt sich.» Wenn es endlich heißt «Ja!», bewegt sich der Kreis wieder, und alle rufen:

Bei eins kommt's nicht,
bei zwei kommt's nicht,
bei drei kommt's nicht,
bei vier kommt's nicht,
bei fünf kommt's nicht,
bei sechs kommt's nicht,
bei sieben kommt's nicht,
bei acht kommt's nicht,
bei neun kommt's nicht,
bei zehn kommt's nicht,
bei elf, da pocht's,
bei zwölf, da kommt's!

Augenblicklich bleiben die Spieler im Kreis stehen und reißen ihre Arme hoch: die Mäusejagd beginnt. Katze und Maus dürfen sich nun innerhalb oder außerhalb des Kreises bewegen. Wenn das Mäuschen gerade wieder in den Kreis schlüpft und zu rasch erliegen würde, können die Spieler ihre Arme senken und der Katze kurzfristig den Zugang verwehren.

Für dieses Spiel braucht man mindestens fünf Mitspieler. Es kann in einer großen Gruppe auch mit mehreren Mäusen und Katzen gespielt werden.

Laufspiele

Bäumchen wechsle dich!

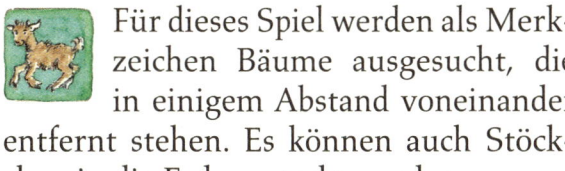

Für dieses Spiel werden als Merkzeichen Bäume ausgesucht, die in einigem Abstand voneinander entfernt stehen. Es können auch Stöckchen in die Erde gesteckt werden.

Einer steht in der Mitte, er ist der Rufer. Die anderen stellen sich je an einen der bezeichneten Bäume. Wenn der Spieler in der Mitte sagt: «Bäumchen, Bäumchen, wechsle dich», muss jeder seinen Baum verlassen und sich einen anderen suchen. Nun kann auch der Spieler in der Mitte versuchen, einen Baum zu erreichen. Wer übrig bleibt, ist nun Rufer.

Ochs am Berg

Ein Kind wird ausgezählt. Es stellt sich an einen Baum. Etwa zwanzig Schritte von ihm entfernt stehen an einer markierten Linie die anderen Kinder. Das Kind am Baum steht mit dem Rücken zu den anderen und ruft – langsam oder schnell: «Ochs am Berg!». Während es diese Worte ruft, dürfen die anderen ein Stück vorwärts laufen. Nach «Ochs am Berg» dreht sich das Kind blitzschnell um und schickt jeden, der sich noch bewegt, drei Schritte zurück. Wer zuerst am Baum anschlägt, darf der nächste Ochs am Berg sein.

König der Affen

Jeder Spieler bekommt einen Wollfaden (ca. 150 – 200 cm lang) und bindet sich ein Ende davon als Affenschwanz hinten am Rock- oder Hosenbund fest. Auf ein Zeichen hin beginnt das Spiel: Alle Spieler versuchen im Laufen, auf den Faden eines anderen zu treten, dabei kann es natürlich sein, dass gleichzeitig ein anderer auf den eigenen Faden steigt. Auf diese Weise werden die Fäden der Spieler kürzer und kürzer. König ist, wer am Schluss noch den längsten «Affenschwanz» hat.

Darf ich?

Ein uraltes Kinderspiel, das früher ohne Beteiligung von Erwachsenen auf Schulhöfen und Plätzen stundenlang gespielt wurde. Heute haben die Kinder nicht mehr solche Ausdauer, das Spiel ist jedoch nach wie vor beliebt.

Der Kaiser wird ausgezählt. Er stellt sich mit dem Rücken zu den Kindern auf eine Bank oder auf einen Baumstumpf. Die anderen Kinder stehen etwa zwanzig Schritte hinter ihm in einer Reihe. Nacheinander fragen sie – vielleicht auch mit verstellter Stimme:

«Kaiser, lass mich nicht hier stehn,
Wie viel Schritte darf ich gehn?»

Der Kaiser genehmigt seinen Untertanen eine beliebige Anzahl verschiedener Schritte, das sind entweder:

– Ameisenschritte (halbe Fußlänge)
– Hühnertapperl (ein Fuß wird knapp vor den anderen gesetzt)
– Riesenschritte
– Tanzschritte (einmal um sich selbst drehen)
– Besenschritt (lang nach vorne schleifen und kurz zurück).

Keine Sorge, dass das Spiel allzu schnell beendet ist, denn der Kaiser besteht darauf, dass seine Untertanen besonders höflich sind. Wer gerade Antwort bekommen hat, darf nicht gleich gehen. Er muss erst fragen: «Darf ich?» – vergisst er das, so muss er zur Anfangslinie zurück.

Wer als Erster mit seinen Schritten so weit kommt, dass er den Kaiser mit der Hand berühren kann, der darf als Nächster vorne stehen.

Tausendfüßler

Die Kinder stellen sich hintereinander auf und fassen sich an den Händen. Der Erste in der Reihe ist der Kopf vom Tausendfüßler, der Letzte ist das Ende. Der Kopf, d.h. der vorderste Mitspieler versucht, den Letzten abzuschlagen. Gelingt ihm das, so wird der Letzte nun zum Kopf.

Fangspiele

Fangspiele lassen sich nur spielen, wenn die anderen Mitspieler auch in der Nähe bleiben. Es empfiehlt sich deshalb bei allen Fangspielen, den Spielbereich vorher zu vereinbaren und, damit dies für alle sichtbar ist, auch zu begrenzen. Man einigt sich auf natürliche Merkmale, (Bäume, Sträucher) oder es werden Stöcke in den Boden gesteckt, auf die man Mützen oder Tücher setzen kann.

Brüderchen hilf!

Ein Kind wird ausgezählt. Es versucht, einen der Mitspieler abzuschlagen. Wenn es einem der Spieler zu dicht auf den Fersen ist, ruft dieser: «Brüderchen hilf!» Reicht ihm dann ein anderer die Hand, darf keiner von beiden abgeschlagen werden. Entfernt sich der Fänger von dem Paar, laufen beide Spieler wieder einzeln weiter.

Wer abgeschlagen wurde, ist der nächste Fänger. Wenn das nicht gelingt, weil die Brüderchen sehr aufmerksam und hilfsbereit sind, wird der Fänger nach einiger Spielzeit abgelöst.

Elefantenfangen

Ein Kind ist der Elefant. Für den Rüssel, den es zu diesem Spiel braucht, streckt es seinen rechten Arm geradeaus und umfasst diesen mit dem anderen Arm so, dass es sich mit der linken Hand an die eigene Nase greifen kann. In dieser Haltung versucht es, eines der Kinder abzuschlagen, damit dieses dann Elefant wird.

Zwillingsfangen

Die Spieler stellen sich als Zwillinge paarweise hintereinander, der hintere hält sich an den Schultern des vorderen fest. Ein einzelner Spieler ist der Fänger. Auf ein Zeichen hin beginnt das Spiel. Der Fänger läuft den Paaren hinterher. Er versucht, einen der Hintermänner zu berühren. Gelingt ihm das, dann bildet er mit dem Berührten ein neues Zwillingspaar. Dessen Vordermann wird dadurch frei und ist nun Fänger. Er versucht, sich auf die gleiche Weise wieder einen Zwilling zu fangen.

Fischer, wie tief ist das Wasser?

Im Abstand von ca. 30 Schritten werden zwei Linien markiert. Auf der einen Seite steht der Fischer, ihm gegenüber die anderen Spieler. Sie rufen:
– Fischer, wie tief ist das Wasser?
Der Fischer ruft z. B.
– 100 m!
– Wie kommen wir rüber?
– Mit beiden Beinen gleichzeitig hüpfen!
Alle, auch der Fischer, bewegen sich nun auf diese oder eine andere genannte Weise vorwärts. Der Fischer versucht dabei, möglichst viele Spieler zu berühren. Sie sind in der nächsten Runde seine Helfer.

Der Wassergeist

Ein Spieler ist der Wassergeist. Die anderen bilden zwei gleich große Gruppen. Sie stehen in etwa 10 bis 15 Schritten Abstand an den Flussufern. Der Wassergeist steht in der Mitte des Flusses. Er ruft den Namen eines Spielers. Dieser ruft nun den Namen eines anderen Spielers vom gegenüberliegenden Ufer. Sogleich rennen beide los, um ihre Plätze zu wechseln. Der Wassergeist versucht, einen Läufer zu fangen. Gelingt ihm das, so wird dieser zum Wassergeist.

Seilspiele

Sich immer wieder vom Boden abheben, springen und sich von den Zehenspitzen auf den ganzen Fuß abrollen lassen – so unbeschwert wollen Kinder sich gerne bewegen. Die Kleinen tun dies von sich aus den Tag hindurch. Oft trippeln und hüpfen sie mehr, als dass sie gehen. Größere Kinder, etwa im ersten Schulalter, springen und hüpfen am liebsten in Verbindung mit einem Spiel, z. B. mit dem großen Springseil.

Das Hüpfen mit dem großen Schwingseil gehört zu den belebendsten Spielen, die man einer Festgesellschaft anbieten kann. Die Kinder kommen in eine Leichtigkeit, die wohltuend zu einem ausgeglichenen Kindernachmittag beiträgt. Seilspiele bringen den ganzen Körper in rhythmisches Schwingen. Manche Verkrampfung löst sich, und so sind sie auch hervorragend geeignet als Auflockerungsspiel für zwischendurch. Den vergnügten Gesichtern der Kinder ist es anzusehen, welchen Spaß sie daran haben.

Etwa bis zum 9. Lebensjahr ist das Seilspringen bei allen Kindern gleichermaßen beliebt, später finden es die Buben meistens albern, Seil zu springen. Mädchen sind aber weiterhin dafür zu begeistern.

Ein großes Springseil ist selten fertig erhältlich. Man kann sich dafür in Seilereien oder Segelfachgeschäften ein Hanfseil (Ø ca. 8 mm) in etwa 5 m Länge zuschneiden lassen.

Das große Seil wird von zwei Erwachsenen mit beiden Händen gefasst: Sie stehen so weit voneinander entfernt, dass das Seil in der Mitte auf dem Boden aufliegt. Jeder hält mit einer Hand ein Seilende und schwingt mit der anderen das Seil in weitem Bogen rings im Kreis.

Ist nur ein Erwachsener bei den Kindern, kann er ein Ende des Seiles in etwa einem Meter Höhe an einem Pfosten festbinden und sich das andere Seilende um die Hand schlingen. Er stellt sich nun so weit entfernt von dem Baumstamm auf, dass das Seil in der Mitte noch locker durchhängt, dann lässt er es kreisen.

Das Seil wird im Rhythmus geschwungen. Man kann langsam beginnen, allmählich schneller werden oder auch abwechseln zwischen schnell und langsam.

Gesprungen wird auf verschiedene Weise.

Seilschwingen

- Zwei Spieler fassen sich an den Händen und laufen paarweise durch das schwingende Seil.
- Die Spieler stellen sich 3 – 4 m vor dem schwingenden Seil auf. Einer nach dem anderen nimmt Anlauf und versucht, so hindurchzulaufen, dass er nicht von dem Seil berührt wird.
- Ein Spieler nach dem anderen stellt sich unter das Seil und hüpft in die Höhe, kurz bevor das Seil auf den Boden auftrifft. Jeder springt so lange, bis er aus Versehen auf das Seil tritt.
- Mehrere Kinder stellen sich hintereinander unter das Seil und springen gleichzeitig.

Beim Seilspringen kann sich der Rhythmus, mit dem das Seil auf den Boden aufschlägt, mit dem Takt eines Reimes verbinden.

Mehl und Butter

 Der Vater bindet das große, lange Seil etwa in Schulterhöhe um einen Baumstamm. «Wir wollen jetzt einen riesengroßen Kuchen backen», sagt er, da brauchen wir verschiedene Zutaten. Ich zähle sie aus:

Mehl und Butter
und Ei und Zucker
und Milch und Salz
und Hefe dazu
und Nüsse … Rosinen, Zimt … dazu.

Der Vater zählt mit jedem Hauptwort ein Kind aus. Der Erste ist Mehl, der Zweite ist Butter usw. Susanne ist «Mehl». Sie fängt an zu hüpfen. – Die anderen rufen dabei das Sprüchlein: «Mehl und Butter».
Susanne springt. Bei «Milch» tritt sie aus Versehen auf das Seil. Sie scheidet aus und das Kind mit der Bezeichnung «Milch» hüpft nun weiter … usf.

Der Kuchen hat genauso viele Zutaten, wie anwesende Kinder. Wenn z. B. nur vier Spieler dabei sind, hört das Sprüchlein bei «Zucker» auf. Springen mehrere, dann werden entsprechend viele Zutaten zugefügt.

Pfeffer und Salz

 Wer schon etwas Erfahrung hat, das Seil zu schwingen, der dreht es abwechselnd langsam und schnell: Ruft der Seilschwinger «Salz», schwingt er das Seil langsam. Ruft er dann unvermittelt «Pfeffer», dreht er das Seil schneller. Die Springer müssen also wachsam sein.

Tauziehen

Zum Tauziehen braucht man ein kräftigeres Seil als zum Seilspringen. Es soll etwa 10 m lang sein.
Tauziehen im herkömmlichen Sinn, wenn zwei Mannschaften ihre Kräfte messen, macht Kindern meistens gar nicht so viel Spaß. Wenn der Erwachsene, vergnügt das Seil geschultert, mit den Kindern hinausgeht, kann er zuweilen zu hören bekommen: «Ach Tauziehen, das kenn ich. Das mach ich nicht mit.»
Das einfache Tauziehen kann man bei einem Kinderfest ruhig weglassen. Es gibt da ein viel spannenderes Spiel, bei dem sicher alle Kinder gerne ihre Kraft einsetzen:

Tauziehen mit Aufgabe

Bevor das Spiel beginnt, gibt es einiges vorzubereiten: Ein Tau wird der Länge nach auf den Boden gelegt. Sechs bis acht Schritte hinter jedem Seilende wird eine Kiste oder ein Brett plaziert. Darauf wird mit Reißnägeln oder Klebestreifen ein Bogen Papier gut befestigt.

Die Spieler bilden zwei gleich starke Gruppen und stellen sich zunächst hintereinander neben den Seilenden auf. Der jeweils Letzte einer Mannschaft bekommt einen Stift. Mit diesem soll er in fünf Runden immer etwas anderes auf das Papier malen:

Auge, Nase, Mund, Ohr und Hand.

Auf ein Zeichen hin beginnt das Spiel: Die Spieler ergreifen das Seil. Jede Gruppe versucht, das Tau so weit zu dem Papier hinzuziehen, dass ihr Letzter malen kann.

Der Spielleiter steht neben den Mannschaften. Er feuert sie mit verschiedenen Zurufen an, und er schaut natürlich, dass bei Auge, Nase, Mund, Ohr und Hand vollständig gemalt wird (z. B. Augen mit Wimpern, Hand mit Fingernägeln).

Die Aufgabe, zu zeichnen, kann nach jeder Runde ein anderer übernehmen.

Gewonnen hat die Gruppe, die am meisten aufs Papier gebracht hat.

Ballspiele

Melodie: Alois Künstler, Text: Heinz Ritter

Flieg, Ku-gel, flie-ge, dass ich dich krie-ge, hoch hin-auf, hoch hin-auf, ich fang dich wie-der auf. Fall in mei-ne Hand, fall nicht in den Sand.

Der Ball ist einer der ältesten Spielgegenstände. Er lädt auf vielerlei Weise zu gemeinsamem Spielen ein. Er will geworfen, gefangen, gehalten oder weiterbefördert werden.

Ballspiele in der Gruppe kann man erst mit Kindern etwa ab fünf Jahren spielen. Jüngere Kinder erleben mit einem Ball vor allem die Freude am Werfen und Zuschauen, wenn er davonkugelt. Einen Ball fangen und weitergeben können sie noch kaum.

Ein gemeinsames Ballspiel mit jüngeren Kindern kann mit einem einfachen Lied begleitet werden. Die Kleinen können dabei dem Ball hoch hinauf nachschauen, wenn er durch die Luft fliegt und versuchen, ihn zu fangen.

Wer hat den Ball?

Alle Mitspieler stellen sich nebeneinander in eine Reihe. Einer nimmt den Ball und geht damit etwa 10 bis 15 Schritte vor. Er wirft den Ball über seinen Kopf nach hinten und ruft dabei. «Eins, zwei, drei, wer hat den Ball?» Ein Mitspieler hebt den Ball auf und versteckt ihn hinter seinem Rücken. Alle anderen legen gleichfalls ihre Hände nach hinten. Wenn einer aus der Reihe ruft: «fertig!», darf sich der Werfer umdrehen und dreimal raten, wer den Ball hinter dem Rücken versteckt hält. Das wird umso schwieriger, wenn mehrere Mitspieler in der Reihe verschmitzt lachen und so tun, als hätten sie den Ball.

Wenn der Werfer nach dreimaligem Raten noch nicht herausbekommen hat, wer den Ball hat, wirft er ihn noch einmal, sonst wird ein anderer der Werfer.

Glöckchenball

Mehrere Glöckchen werden an die Zweigenden eines Baumes gehängt. Dies kann auch erst am Festtag gemeinsam mit den Kindern geschehen.

Nacheinander darf jedes Kind versuchen, mit dem Ball ein Glöckchen zu treffen.

Blumenball

Alle stehen in einer Gruppe beieinander. Gut hörbar für die anderen legt sich nun jeder Mitspieler einen mehrsilbigen Blumennamen zu. Ein Mitspieler hat den Ball. Er wirft ihn möglichst hoch in die Luft und ruft dabei z. B. «Hyazinthe». «Hyazinthe» versucht, den Ball zu fangen und wirft ihn nun ebenfalls hoch und ruft eine andere Blume auf usf.

Variante: Länderball – die Spieler legen sich dafür Ländernamen zu.

Tigerball

Die Spieler stehen im Kreis. Einer ist der Tiger. Er stellt sich in die Mitte. Die anderen bewegen den Ball nun hin und her: er kann geworfen oder gerollt werden. Der Tiger versucht den Ball zu fangen oder wenigstens mit den Händen zu berühren. Gelingt ihm das, so wird er von dem Mitspieler abgelöst, der den Ball als Letzter berührt hatte.

Jägerball

Zunächst werden die Grenzen des Spielbereiches benannt oder markiert. Innerhalb dieses Spielfeldes bilden die Spieler einen Kreis. Sie stehen etwa mit doppeltem Armabstand voneinander entfernt. Nun wird ein Ball hin- und hergeworfen. Wer ihn nicht fängt, der wird zum Jäger. Während dieser den Ball aufhebt, dürfen sich die anderen innerhalb des Spielfeldes frei bewegen. Hat er den Ball, ruft er: «Halt!» Sofort müssen alle stehen bleiben. Der Jäger versucht einen Spieler abzuwerfen. Wer merkt, dass er abgeworfen werden soll, kann nun allerlei Verrenkungen machen, um dem Abwurf auszuweichen, aber er darf seine Füße nicht von der Stelle rühren. Trifft der Jäger einen Spieler, so wird dieser zum Jäger. Verfehlt er sein Ziel, versucht er in der nächsten Spielrunde noch mal sein Glück. Wem es nach drei Wurfversuchen immer noch nicht gelungen ist, jemanden abzuwerfen, der kann sich als Jäger ablösen lassen.

Burgball

Drei möglichst lange, gegabelte Aststücke werden zu einer Burg aufgestellt. Rings herum, jeweils fünf große Schritte von der Burg entfernt, wird ein Wall abgesteckt. Das Markieren ist notwendig, damit alle Spieler aus gleicher Entfernung werfen und nicht weiter vorne stehen, als ausgemacht war. Ein Spieler geht als Wächter in die Mitte, die anderen stehen rings um den Wall und versuchen von dort aus die Burg mit dem Ball einzuwerfen. Der Wächter versucht den Ball abzuwehren. Wer durch seinen Wurf die Burg zum Einsturz bringt, wird nun Wächter.

Spiele mit Naturmaterial

Aus leicht biegbarem, entblättertem Naturmaterial wie z. B. Waldrebe, Weiden- oder Haselruten lassen sich Wurfringe für verschiedene Spiele zusammenstecken.

Zielwerfen

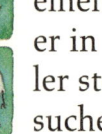
Als Zielpunkt wird ein Zapfen an einen Baumast gebunden, so dass er in der Luft baumelt. Alle Spieler stehen in einer Reihe und versuchen den Zielpunkt zu treffen. Da sich mit Tannenzapfen nicht so gut zielen lässt wie mit einem Ball, sollte die Abwurflinie nicht allzu weit vom Zielpunkt entfernt liegen.

Ringfangen

Die Spieler stehen im Kreis und werfen den Ring von einem zum anderen. Er wird mit der Hand oder über einen ausgestreckten Arm aufgefangen.

Ringwerfen

Ein Holzstecken wird in den Boden gedreht. Von einem bestimmten Punkt aus versuchen die Werfer, ihre Ringe darüberzuwerfen.

Zapfenlauf

Jeder Spieler klemmt sich einen Tannen- oder Kiefernzapfen zwischen die Füße und bringt diesen von einer Startlinie zu einem etwa 20 Schritte entfernten Feld, das z. B. durch Stöckchen markiert ist. Jeder, der auf diese Weise bis kurz vor das Feld gelangt ist, muss versuchen, seinen Zapfen nur mit den Füßen dort hineinzubefördern.

Variante: Zapfenwettlauf. Hier bewegen sich die Spieler auf die gleiche Weise von der Startlinie zu einer markierten Ziellinie und zurück zum Start.

Kettenfangen

Bei Fangspielen laufen die Kinder manchmal so weit davon, dass sie unmöglich einzuholen sind. Es ist daher sinnvoll, die Spielfläche einzugrenzen. Bäume oder in die Erde gesteckte Zweige können Markierung sein.

Zum Kettenfangen braucht man ein etwa 50 cm langes Stöckchen. Zwei Mitspieler sind die Fänger. Jeder hält ein Ende des Stöckchens mit einer Hand fest und versucht mit der freien Hand einen anderen Mitspieler zu berühren. Wer berührt wurde, gibt eine Hand seinem Fänger und versucht nun seinerseits einen weiteren Mitspieler zu fangen. Da nun beide Seiten in verschiedene Richtungen ziehen, kommt es öfter vor, dass die Kette reißt. Die Mitspieler, die nicht mehr mit der Stockkette verbunden sind, sind frei und müssen neu gefangen werden.

Hürdenspringen

Jeweils zwei gegabelte Aststöckchen mit etwas Abstand nebeneinander so in den Boden stecken, dass sich ein gerades Stöckchen möglichst waagerecht in die Gabelungen legen lässt. So können eine oder mehrere Hürden aufgestellt werden.

Gespielt wird nun in mehreren Varianten und dem Alter der Kinder entsprechend. Man kann nur eine solche Hürde errichten oder eine Laufstrecke mit Start und Zielpunkt aufbauen, bei der mehrere Hindernisse hintereinander stehen. – Aufgabe ist es, so über die Hürde zu springen, dass das Stöckchen nicht herunterfällt. Der Schwierigkeitsgrad richtet sich nach dem Alter der Kinder.

Hindernisspringen kann man z. B.
– im Laufschritt
– aus dem Stand mit beiden Beinen
– mit einem Bein
– mit verbundenen Augen
– mit gegrätschten Beinen etc.

Wettspiele

Wettspiele durften früher bei keinem Fest fehlen. Heute machen sich Eltern gerne Gedanken, ob Kinder solche Spiele überhaupt verkraften können. Man will nicht, dass Kinder sich zurückgesetzt fühlen, wenn ein Geschickterer eher am Ziel ist.

Für jene, die Lust haben, zu entdecken, dass es bei Wettspielen vor allem um die Freude an der Bewegung bei einer gemeinsamen Aktion geht, sind nachfolgend einige Spielvorschläge aufgeführt.

Der Letzte muss ja nicht Verlierer sein. Wie wäre es, wenn man ihm eine besondere Ehre zuteil werden ließe? Er könnte sich z. B. ein Lied wünschen oder sich eine Runde Huckepack tragen lassen.

Sackhüpfen

Für dieses Spiel braucht man zwei größere Säcke.

Mit Stöckchen werden eine Anfangslinie und zwei Zielpunkte markiert. Die Spieler stellen sich in zwei Gruppen an die Anfangslinie. Die beiden Ersten steigen in den Sack: Auf die Plätze, fertig – los. Gehüpft wird zu einem Zielpunkt und um diesen herum wieder zurück. Wer wieder an der Anfangslinie angekommen ist, steigt aus dem Sack und hilft dem nächsten Spieler hineinzusteigen.

Sackhüpfen beim Kinderfest hat einen besonderen Reiz, wenn auch die Erwachsenen mithüpfen.

Wettziehen

 Zwei etwa gleich starke Gruppen werden gebildet. Der jeweils hintere Spieler schlingt seine Arme um die Hüften des Vordermannes. Die jeweils Ersten in den Reihen stehen zu beiden Seiten einer markierten Mittellinie einander gegenüber und fassen sich an den Händen. Auf ein Zeichen hin beginnt das Spiel. Eine Gruppe versucht, die andere über die Mittellinie zu ziehen.

Kartoffellaufen

Mit Hilfe von Stöcken oder Zweigen eine Anfangslinie und etwa 20 Schritte entfernt zwei Wendepunkte markieren. Immer zwei Spieler stellen sich an die Anfangslinie. Jeder nimmt in eine Hand einen Suppenlöffel, auf dem eine Kartoffel liegt. Auf ein Zeichen hin beginnt das Spiel. Die Kinder laufen nun so schnell sie können und achten darauf, dass die Kartoffel nicht vom Löffel springt. Wem sie herunterfällt, hebt sie auf und läuft weiter.

Wenn man dieses Spiel mit älteren Kindern spielt, können die Laufstrecken mit verschiedenen Hindernissen versehen sein: Man kann eine Schnur spannen, die überstiegen werden muss, oder Punkte markieren, an denen die Läufer z. B. in die Hocke gehen, sich einmal um sich selbst drehen müssen etc.

Dreibeinlauf

 Bei diesem Wettspiel hat die ganze Festgesellschaft etwas zu tun: Je zwei Spieler stellen sich so nebeneinander, dass man das rechte Bein des einen mit dem linken Bein des anderen mit einer Schnur zusammenbinden kann. Auf ein Zeichen hin beginnt der Wettlauf zu einem Zielpunkt.

Staffellaufen

Bei diesem Spiel laufen die Spieler zweier Gruppen um die Wette, dabei gibt es jeweils verschiedene Aufgaben. Es geht hier viel weniger darum, wer gewinnt oder verliert. Das Besondere an Staffelläufen ist, dass dabei groteske Situationen entstehen, bei denen es viel zu lachen gibt. Staffelläufe, die mit mehreren Aufgaben verbunden sind, sind vor allem bei älteren Kindern beliebt.

Bekleidungsstaffel

Die Spieler stehen in zwei Reihen hintereinander. Neben dem jeweils Vorderen werden bereitgelegt: Jacke, Hut, Schal, Handschuhe, Schürze, Umhängetasche und Schirm. Als Zielpunkte werden in jeweils gleicher Entfernung Holzstäbe in die Erde gesteckt.

Auf ein Zeichen hin zieht der jeweils Erste einer Reihe Jacke, Hut, Schal, Handschuhe und Schürze an, hängt sich die Umhängetasche um, spannt den Schirm auf, rennt um den Holzstab herum, kehrt wieder zum Ausgangspunkt zurück und legt die Spielbekleidung ab. Der Nächste zieht so schnell wie möglich alles an und eilt, ebenfalls mit aufgespanntem Regenschirm, um den Holzpflock usf. Welche Gruppe ist als Erste fertig?

Staffellauf mit Naturmaterial

Aufstellung der Mitspieler wie oben. Diesmal ist es die Aufgabe, möglichst schnell auf einem Handrücken einen Tannenzapfen oder ein Stöckchen zu transportieren. Der Staffellauf kann dadurch erschwert werden, dass auf beiden Handrücken ein Gegenstand befördert wird.

Variante: Statt auf dem Handrücken kann ein Tannenzapfen auch zwischen den Knien vorwärts gebracht werden.

Die Laufstrecke für Staffelläufe lässt sich – je nach Alter der Spieler – mit verschiedenen Hindernissen zurücklegen: Es können Stöcke oder Zweige aufgebaut sein, die überstiegen werden müssen. Der Läufer kann die Aufgabe haben, auf einem Bein zu hüpfen. Lustig wird das Spiel, wenn der Läufer nicht nur etwas vorwärtsbringen muss, sondern wenn er dabei zusätzlich noch eine langstängelige Blume, z. B. eine Margerite oder einen Grashalm, zwischen Nase und Oberlippe eingeklemmt weiter zu befördern hat.

Abschlussspiele

Es hat eine festliche Tafel gegeben, Spiele wurden gespielt. Richtig abgerundet ist das Fest erst mit einem gemeinsamen Abschluss. Hier lässt sich auf verschiedene Weise noch einmal ein besonderer Akzent setzen. Das Festprogramm kann mit einem Abschiedslied (s. Seite 119) oder mit einem Spiellied (s. Seite 134–136 oder 145) ausklingen. Ebenso gut kann ein Anfangsspiel (s. Seite 112) in ein Abschiedslied verwandelt werden. Vielleicht findet man sich auch zu einem Puppenspiel oder zu einer Abschlussgeschichte zusammen.

Puppenspiel

Kindern bis zum achten oder neunten Lebensjahr kann man mit einem Puppenspiel eine große Freude machen. Es ist etwas Aufwand damit verbunden, der aber lohnt sich unbedingt. Bei einem Puppenspiel sind die Kinder ganz bei der Sache. Es ist, als eröffne sich da eine Zauberwelt, nach der sie sich sehnen. Auch Kinder, die sich sonst nicht so leicht auf etwas einlassen können, tauchen gerne in die Geschichten mit bewegten Bildern ein. (Siehe auch weitere Anleitungen im *Puppenspielbuch* von Christiane Kutik.)

Märchenerzählen

 Zum Abschluss kann es auch ein Märchen geben. Etwa bis zu ihrem achten Lebensjahr lieben Kinder die Zauberwelt der Märchen. Wichtig ist, dass es ausreichend Zeit gibt, das Märchen ohne Störung zu Ende zu erzählen. Wenn man das ausgewählte Märchen vor dem Fest mindestens einmal für sich zum «Einüben» laut vorträgt, weiß man, wie lange es dauert. Ein Märchen verlangt nach einer Geschlossenheit in sich. Wenn es unterbrochen werden muss, weil z.B. jemand an der Tür läutet, ist der Zauber dahin. Vielleicht gibt es einen hilfreichen Erwachsenen, der vorzeitig klingelnden Müttern oder Vätern die Wohnungstür öffnen kann.

Zum Märchenerzählen gehört eine gemütvolle Atmosphäre. Der Erzähler und die Kinder begeben sich in die behaglichste Ecke der Wohnung. Damit nichts von draußen ablenken kann, werden die Vorhänge etwas zugezogen. Vielleicht wird eine Kerze angezündet, und dann werden Siebenmeilenstiefel angezogen. Die sind recht groß. Ja – man muss sie gut zubinden, damit man sie nicht verliert! Nun geht die Reise ganz weit weg ins Märchenland, und alle, die dort sind, hören zu: Die Tauben auf dem Dach hören zu, das Kätzchen, der Hund, die Fliegen an der Wand und natürlich auch alle Kinder hören zu, denn jetzt ist Märchenzeit.

Abschlussgeschichten

Zum Abschluss kann es auch eine Geschichte geben, zu der alle etwas beitragen. Es sind keine weiteren Vorbereitungen dafür nötig. Das Einzige, was man dafür braucht, ist ein Tüchlein. Der Einstieg in eine Geschichte kann mit einer beliebigen Situation beginnen. Sind jüngere Kinder beisammen, so wird im Wesentlichen der Erwachsene erzählen. Die Kinder geben ihm die Stichpunkte. Bei Miriams Vater war das einmal so: «Zum Abschluss möchte ich euch noch eine Geschichte erzählen», sagte der Vater, «aber ich kann mich jetzt gar nicht mehr so genau an alles erinnern. – Doch wartet: den Anfang weiß ich noch. Ja also, hört zu: Es war einmal ein Clown und der lebte, wie ihr euch vielleicht denken könnt, in einem Zirkus. Aber, da gefiel es ihm nicht mehr. Er wollte kein Clown mehr sein, und er wollte sich auch nicht mehr jeden Tag schminken …»

Der Vater hielt inne und schaute sich Rat suchend um: «Also – wie es weiterging, das weiß ich nicht mehr. – Aber – vielleicht könnt ihr mir helfen? – Ja, das müsste gehen! Doch, wenn ihr mir helft, dann geht es bestimmt. Zum Glück hab ich mein Geschichtentüchlein dabei.» Der Vater holte ein geknotetes Stofftuch hervor: «Ich werfe jetzt mein Geschichtentüchlein immer einem von euch zu», sagte er, «und wer es fängt, der darf mir ein Wort sagen, was ihm gerade einfällt – das Wort kommt dann in die Geschichte hinein, vielleicht erfahren wir dann doch noch, wie das mit dem Clown ausgegangen ist. Wollt ihr mir helfen?» Die Kinder wollten.

Als Nächstes fing Julia das Tuch: «Schuhe» sagte sie. Und der Vater wob seine Geschichte weiter. Er erzählte, dass der Clown nun auch seine riesigen langen Schuhe nicht mehr anziehen mochte. Er wollte so ausschauen, dass ihn niemand mehr erkennt … Das Geschichtentüchlein flog zu einem anderen, und die Worte, welche die Kinder riefen, wurden nach und nach in die Geschichte eingebunden.

Mit älteren Kindern kann man eine frei erfundene Geschichte auch gemeinsam erzählen. Hier kann jeder, der das Tüchlein gefangen hat, schon selbst an der Geschichte weiterflechten, wenn er mag. Wer sich nicht traut zu erzählen, der gibt das Tüchlein einfach einem anderen Kind weiter. Immer, wenn eines der Kinder erzählt hat, wirft es das Tuch zum Erwachsenen zurück. Dies ist aus vielfacher Erfahrung unbedingt notwendig. Es geschieht sonst allzu leicht, dass der Inhalt der Geschichte in die Gossensprache abgleitet und dadurch an Charme und Spannung verliert.

Das Riesenpaket

 Es klingelt draußen an der Tür. – «Wer kann denn das sein? – Kinder, wird jetzt schon jemand von euch abgeholt? – Das ist ja ein Lärm! – Ja, ja, ich komme schon.» Die Mutter geht zur Tür. Vielleicht taucht noch ein Gast auf? Inzwischen sind alle Kinder herbeigekommen. Sie wollen sehen, was es da gibt. Die Mutter macht es noch ein bisschen spannend. Als sie schließlich die Türe öffnet, steht da ein wunderlich aussehendes Riesenpaket mit einer Schleife und allerlei Zierrat daran. Vorsichtig, vielleicht ist da etwas Zerbrechliches drinnen? – Das wird schwer sein. «Nein, das schaut nur so aus, das ist bestimmt ganz leicht», sagt ein Fünfjähriger. Er will es hereintragen. Die anderen wollen ihm helfen. «Schau mal, da hängt ein Würfel dran», bemerkt Philipp. Julia hat den Brief entdeckt, der in der Verschnürung steckt. Die Mutter soll vorlesen:

«Liebe Festgesellschaft! Der Inhalt des Paketes ist für euch alle. Mit dem Würfel könnt ihr reihum würfeln. Jeder, der eine Sechs hat, darf so lange auspacken, bis der Nächste eine Sechs würfelt. Bitte die Knoten nicht aufschneiden. Alle Schnüre müssen sorgfältig aufgeknotet werden. Das, was dann in dem Paket zu finden ist, wird für alle sein. Viel Spaß!»

Es wird reihum gewürfelt. Wer eine Sechs hat, darf so lange auspacken, bis der Nächste eine Sechs hat: Papier, Kartons und Schnüre sind zu entfernen. Die Knoten in der Verpackung werden, im Sinne der Spielregel, mit den Fingern gelöst, das ist gar nicht so einfach. Endlich stößt die Festgesellschaft zu einem kleinen, gut verpackten Päckchen vor.

Der Inhalt dieses Päckchens kann mit einem Abschlussspiel in Verbindung stehen: Es kann z.B. ein Buch mit einer Abschlussgeschichte darin sein oder einiges Zubehör für ein Stegreiftheater (s. a. Seite 175/176).

Der Zauberer kommt

 Eine kleine Sensation ist es, wenn für den Abschluss eines Kinderfestes der Zauberer angekündigt ist. Kinder erzählen gerne davon. Felix kommt von einem Kinderfest nach Hause. Er strahlt: «Weißt du, wer da war? – Der Zauberer! Der Zauberer war da. Der hatte eine Mütze auf, die war sooo hoch, und was der gemacht hat …!» Nach und nach erzählt Felix, was der Zauberer alles konnte. Lange Zeit ist der Zauberer sein liebstes Gesprächsthema. Im Spiel bereitet er selbst kleine Kunststücke vor, und er hat Spaß daran, wenn die anderen überhaupt nicht merken, wie er z. B. einen Ball in einem Tuch verschwinden lässt.

Einen Zauberer zu erleben oder von einem Zauberer zu hören, das ist ein Spaß für alle Kinder. Ein schöner Höhepunkt, wenn zum Abschluss eines Festtages eine Geschichte von einem Zauberer erzählt wird oder wenn gar gezaubert wird.

Zaubern

Beim Zaubern verschwindet so allerlei auf seltsame Weise und Verschiedenes wird möglich, was keiner gedacht hätte. Das Zaubern bekommt einen besonderen Reiz, wenn der Zauberer in einem eindrucksvollen Äußeren auftritt und wenn eine stimmungsvolle Atmosphäre vorbereitet ist. In einer «zauberhaften» Umgebung kommen die Kunststücke erst richtig zur Geltung. Das Licht muss nicht allzu hell sein, wenn gezaubert wird, gegebenenfalls zieht man die Vorhänge ein wenig zu.

Der Vorhang zum Zauberland wird hier nur ein wenig gelüftet. Die nachfolgenden Kunststücke lassen sich auch ohne Übung vorführen. Sie können von einem älteren Kind oder von einem Erwachsenen vorgeführt werden.

Zauberkunststücke, die hier gezeigt werden, wollen nicht nur Unterhaltung bieten. Die Kinder sind angeregt, dieses oder jenes selbst auszuprobieren. Damit sind sie einer passiven Erwartungshaltung enthoben, und für den – meist ungeübten – Zauberer ist es leichter, seine Kunststücke zu zeigen.

Zu einem Zauberer gehört ein eindrucksvolles Äußeres. Mit Zaubermantel, Zauberhut und Zauberstab kann z. B. dem Vater, der Mutter oder dem älteren Bruder zu einem würdevollen Auftreten verholfen werden.

Ein Zauberstab lässt sich mit mehr oder weniger Mühe leicht selbst herstellen: Ein beliebiges Stöckchen kann dazu verwandelt werden. Wichtig ist vor allem, dass der Stab schön glitzert und dass er nicht als gewöhnlicher Stecken erkennbar ist. Ein Holzstab, mit etwas Alufolie umwickelt, kann genügen.

Ein Zauberer braucht meistens auch ein Zaubertuch. Er schwenkt es bei seinen Kunststücken geheimnisvoll hin und her, und gegebenenfalls lässt er darin auch mal etwas verschwinden. Ein einfaches, dünnes Seidentuch z.B. aus Pongéseide kann ein Zaubertuch sein.

Der Zaubertisch wird mit einem großen, überhängenden Tuch bedeckt. Darauf werden alle Utensilien aufgebaut, die man für eine Vorstellung bereithalten will.

Bevor es richtig losgeht mit dem Zaubern, kann man zur Einstimmung mit den Kindern singen und mit allen zusammen einen Kuckuck wegzaubern.

Auf einem Baum ein Kuckuck saß

Überliefert

Auf ei - nem Baum ein Ku - ckuck, sim - sa - la bim bam - ba - sa - la du - sa - la - dim, auf ei - nem Baum ein Ku - ckuck saß.

2. Da kam ein junger (Jäger –) Jägersmann.
3. Der schoss den armen (Kuckuck –) Kuckuck tot.
4. Und als ein Jahr (vergangen –) vergangen war.
5. Da war der Kuckuck (wieder –) wieder da.

Zauberkunststücke

Die Zaubereien sind besonders wirkungsvoll, wenn auch die einfachste Handlung mit Gelassenheit ausgeübt wird. Der Zauberer versucht also, ruhig zu bleiben. Während der verschiedenen Kunststücke macht er immer wieder kurze Pausen: Ein viel sagender Blick ins Publikum – so kann bald eine vor Spannung knisternde Atmosphäre entstehen, die es vermag, die Zuschauer in ihren Bann zu ziehen. Jedes neue Kunststück wird von einer Zauberformel begleitet, wie etwa:

Simsalabim, dreimal schwarzer Kater oder
Abra kadabra, matzli pitzli futzli.

Zauberzettel

Material:

ein beschriftetes Stückchen Papier etwa im Format DIN A7

Auf dem Zaubertisch liegt ein Zettel. Er ist dicht beschrieben mit unleserlichen Zeichen und Buchstaben. Es ist der Zauberzettel mit den Zauberformeln. Der Zauberer nimmt den Zauberzettel zwischen zwei Finger und lässt ihn herunterhängen. Er führt Daumen und Zeigefinger der anderen Hand von beiden Seiten ungefähr an die Mitte des Zettels. Nun lässt er den Zettel fallen und gleich fängt er ihn auf.

Der Zauberer macht es ein bisschen spannend, wenn er nun seinen Zettel betrachtet und schließlich großmütig anbietet, dass jemand versuchen kann, den Zettel mit den Zauberformeln zu fangen:

– «Aufgepasst, bei drei lasse ich los: eins, zwei und die letzte Zahl heißt ... drei!»

Der Zauberer ist ganz zufrieden, dass keiner den Zettel erwischt hat. Jetzt bleibt ihm der Zauberzettel und es kann weitergehen mit der Zauberei.

Kann Eisen schwimmen?

Material:

eine Nähnadel
ein Glas mit Wasser

Der Zauberer wendet sich dem nächsten Kunststück zu: «Jetzt werde ich euch gleich als Erstes eine außergewöhnliche Kunst zeigen, etwas, was noch keiner von euch gesehen hat. – Aber, ich sage nicht zu viel. Wer, meine verehrten lieben Zuschauer, wer kann mir diese Frage beantworten: Kann Eisen schwimmen? – Ich frage zum ersten, zum zweiten … – Ah, Thomas, was sagst du?» – «Eisen kann nicht schwimmen.» – «Wer sagt etwas anderes? – Keiner … ? – Schaut diese Nadel hier an. Es ist eine ganz gewöhnliche Nähnadel. Sie ist aus Eisen. Kann die Nadel schwimmen, oder nicht? – Wer möchte es versuchen?» – Der Zauberer lässt probieren, wenn ein Kind Lust hat. Die Nadel fällt herunter. – «Also, jetzt passt auf:

Abra kadabra,
matzli bitzli futzli»

Beim Zauberer bleibt die Nadel oben.

Hartes Ei – weiches Ei?

Der Zauberer hat ein rohes und ein gekochtes Ei. Jeder, der mag, kann sich die beiden Eier anschauen und sehen, dass keines davon eine Markierung trägt. Der Zauberer sagt, dass er das hart gekochte Ei erkennen kann, auch wenn jemand die Eier vertauscht. Er schlägt ein Ei auf – es ist das hart gekochte. War das Zufall?

Salz und Pfeffer

Auf dem Zaubertisch sind in zwei Gefäßen Salz und Pfeffer vorbereitet. Wer mag, kann erst davon probieren. Der Zauberer streut von beidem auf einen Teller und vermengt es. «Wer kann den Pfeffer wieder herausholen?»

Wer kann das?

Material:
eine hohe Schüssel mit Wasser gefüllt
Stofftaschentücher

Für dieses Zauberkunststück genügt ein Stofftaschentuch – da man jedoch nicht weiß, wie viele Spieler ihr Glück mit dem Taschentuch probieren wollen, ist es sinnvoll, mehrere Tücher bereitzuhalten. Der Zauberer hält das Taschentuch in die Höhe und fragt: Wer kann dieses Tuch ins Wasser tauchen, ohne dass es nass wird?

Ein Schlupfloch für Münzen?

Material:
ein Bogen Briefpapier
eine Münze

Ein Briefbogen wird noch vor der Zaubervorstellung vorbereitet: man legt eine Münze etwa in die Mitte, umfährt sie mit einem Stift und schneidet ein rundes Loch aus. Wer kann die Münze durch das Loch fallen lassen, ohne sie mit den Fingern zu berühren und ohne das Loch zu verletzen? Wer will es versuchen?

Wer hat kräftige Lungen?

Material:
ein Stück dickere Schnur
ein Tuch

Die Schnur zu einer Schlaufe legen und ringsum das Tuch knoten.
　Der Zauberer hält die so vorbereitete Schnur an beiden Enden fest und fordert jemanden vom Publikum auf, das Tuch wegzublasen. Gelingt dies nicht, dann empfiehlt der Zauberer, kräftiger zu pusten.
　Jemand, der schon einige Male geblasen hat, wird ermuntert: vielleicht versucht er es noch ein letztes Mal, mit aller Kraft? – Schließlich gelingt es: Das Tuch fliegt herunter. Was da einer wohl für kräftige Lungen haben muss. Schaut euch nur das Tuch an, der Knoten ist immer noch drinnen. – Will es noch ein anderer versuchen?

Ein Knoten im Kopftuch

Der Zauberer nimmt ein Kopftuch vom Zaubertisch. Er hält es hoch und fragt: Wer kann dieses Tuch an zwei Enden fassen und einen Knoten hineinknüpfen, ohne die Enden loszulassen?

Der Zauberkreis

Material:
2 – 3 m Schnur

Unter einigen Beschwörungsformeln legt der Zauberer die Schnur auf dem Boden zu einem Zauberkreis. Nun stellt er sich feierlich hinein und sagt: «Wer glaubt mir, dass ich, ohne den Zauberkreis zu verlassen, einen beliebigen kleineren Gegenstand aus irgendeiner Ecke des Zimmers heranholen kann?» Einer meint vielleicht, dass er es schon glauben würde, aber sagen kann er es auch nicht, wie das gehen soll. Nachdem es die anderen sowieso nicht glauben, fragt er in die Runde: «Also, was soll ich holen?» – «Den Blumentopf!» Der Zauberer bückt sich, nimmt den Zauberkreis eng um sich zusammen und schreitet nun majestätisch in eine Ecke, holt den Blumentopf und kehrt zum Ausgangspunkt zurück.

Glückspfennige

Material:
großer flacher Teller
einer oder mehrere Pfennige bzw. Cents
Wasser

Die Münzen werden außerhalb der Mitte auf einen flachen Teller gelegt. Nun gießt man so viel Wasser auf den Teller, bis sie bedeckt sind. Wem es gelingt, die Münzen herauszunehmen, ohne sich die Finger nass zu machen, der hat Glück.

Es ist wichtig, dass auf dem Zaubertisch, neben vielen anderen Dingen, möglichst zufällig auch einige Dinge herumstehen, die man zu diesem Trick brauchen wird: Ein Wasserglas und ein Teelicht.

Durch die Postkarte schlüpfen

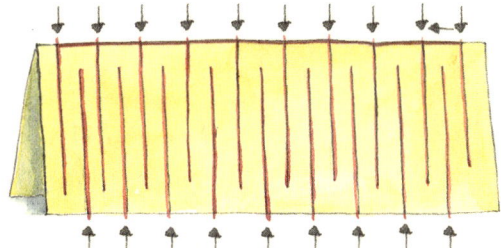

Wer will das probieren? Da sich keiner meldet, führt der Zauberer dies vor: Er schneidet die Karte an den bezeichneten Stellen in Pfeilrichtung ein. Sie lässt sich dann zu einem Papierring auseinanderziehen, durch den man durchschlüpfen kann.

Hokus Pokus – Verschwindibus

Es gibt einige Zaubereien, für die braucht man einen Gehilfen. Er wird vor der Zaubervorstellung mit seiner Aufgabe vertraut gemacht, natürlich ohne, dass die anderen etwas davon merken.

Der Zauberer legt sich einen Ring auf die flache linke Hand. Darüber breitet er möglichst geheimnisvoll das Zaubertuch und spricht noch einige Zauberformeln dazu. Ist der Ring noch da? Alle Zuschauer dürfen nacheinander unter das Tuch greifen und fühlen, ob er noch da ist. Zum Schluss, wenn der Zauberer das Tuch lüftet, ist der Ring verschwunden.

Geheime Botschaft

Der Zauberer erklärt, dass er durch ein gefaltetes Papier hindurch fühlen kann, was darauf geschrieben ist.

Der Gehilfe des Zauberers verteilt Stifte und gibt jedem Anwesenden einen gleichartigen Zettel. Nun bittet der Zauberer die Mitspieler, jeweils ein beliebiges Wort in Druckbuchstaben auf das Papier zu schreiben und dieses anschließend zweimal zusammenzufalten. Der Gehilfe sammelt die gefalteten Papiere ein und legt dabei sein eigenes Papier zuunterst.

Der Zauberer führt sein Kunststück vor: Er nimmt das erste Papier hoch und tastet es vorsichtig ab. Nach einigen spannungsvollen Sekunden nennt er schließlich ein Wort: «Hat das jemand geschrieben?», fragt er und schaut sich in der Runde um. – Tatsächlich! Einer meldet sich. Der Zauberer faltet den Zettel auf, legt ihn beiseite. Er nimmt den nächsten Zettel. Auch hier gelingt es ihm, das richtige Wort zu «fühlen» usf.

Zum Schluss

Für die nächste Nummer hat der Zauberer eine Zeitung mitgebracht, aber nun ist er erschöpft. Wer aus dem Publikum will die letzte Nummer übernehmen? Wer traut sich das zu, so einen riesigen Papierbogen mehr als siebenmal zu falten? – wer möchte das machen? – Hier ist jemand – und noch einer – gleich mehrere? – Auch gut! Der Zauberer hat eine ganze Tageszeitung dabei, da gibt es genug Papierbögen für alle.

Kinderfeste mit Motto

Oft haben Kinder und auch Erwachsene den Wunsch, ein Geburtstags- oder Kinderfest einmal auf andere Weise zu gestalten als sonst. Eine Möglichkeit ist es da, ein Fest mit Motto vorzubereiten. Im Folgenden werden vier solche Feste vorgestellt: ein Backfest, ein Zirkusfest, ein Regenfest und ein Bastelfest.

Backfest

Ein Backfest passt gut in den Spätsommer oder Herbst, wenn es draußen nicht mehr so heiß ist. Um diese Zeit ist das Getreide schon eingefahren. Meistens bleibt danach an den Feldrändern noch vereinzeltes Korn stehen. Ein Ährenstrauß ist für das Backfest zu Hause nicht nur ein passender Schmuck, die Kinder werden auch Gelegenheit haben, zu sehen, wo das Mehl, das nachher zum Backen verwendet wird, seinen Ursprung hat und vielleicht kann jemand an der Gestalt der Ähren erkennen, ob er Roggen, Weizen, Hafer oder Gerste vor sich hat?

Einladung zum Backfest

Einladungskarten zum Backfest können dem Thema entsprechend gestaltet und bemalt werden. Man kann auch weiße Doppelkarten in Form einer Backmütze zuschneiden und auf der Innenseite mit entsprechendem Text versehen (s. a. Seite 43).

Festvorbereitungen

Ein Backfest, das lässt erwarten, dass nicht nur gebacken wird, sondern dass der Tag auch einen festlichen Charakter haben wird. Ebenso wie bei den anderen Kinderfesten wird die Wohnung kindgerecht vorbereitet und geschmückt, z. B. mit einem Willkommensgruß am Eingang (s. Seite 50), einem Kinderbild zum Thema Backen an der Haustür oder in der Wohnung, einem Strauß mit Kornähren. Vielleicht werden auch die Puppen als Bäcker verkleidet und dürfen dabei sein, wenn die Gäste empfangen werden.

Das Backen wird erst dadurch zu einem Backfest, dass der Nachmittag einen besonderen Rahmen hat: Ein festlicher Beginn und Abschluss, Spiele und ein gemeinsames Essen (s. Seite 56 ff.) gehören dazu. Für den Gastgeber ist es eine große Hilfe, sich den zeitlichen Ablauf des Nachmittages vor dem Fest zu überlegen. Will man das Fest auf etwa zweieinhalb Stunden begrenzt halten, so ist das nur möglich, wenn der Erwachsene den Backteig schon vorbereitet, bevor die Gäste eintreffen.

Als Rezept für ein Backfest eignet sich Hefeteig besonders, denn dieser verträgt es, wenn er von vielen Händen gut durchgeknetet wird. Alle Kinder haben etwas zu tun, wenn aus dem Hefeteig mehrere Gebäckstücke wie z.B. Brezeln geformt werden können.

Brezeln

6 Tassen Weizenmehl, Typ 1050
30 g Hefe
1/2 Teel. Honig
1 1/2 Tassen lauwarmes Wasser
1 Teel. Salz
2 El. kaltgepresstes Sonnenblumenöl
1 Eigelb mit 1 El. Milch zum Bestreichen

zum Bestreuen:
grobkörniges Salz
oder Sesam und feines Salz

Von der oben angegebenen Wassermenge etwa eine halbe Tasse abnehmen, die Hefe hineinbröckeln und zusammen mit dem Honig verrühren. Mehl und Salz in eine Schüssel geben, Hefemischung dazugießen und unter den Teig mengen, dabei nach und nach das restliche Wasser und zuletzt auch das Öl zufügen. Den Teig gut durchkneten, bis er glatt und glänzend ist, eine halbe Stunde oder länger zugedeckt ruhen lassen. Nun kann der Teig in Ruhe gehen.

Festbeginn

Nach dem Empfang der Gäste und dem einen oder anderen Anfangsspiel (s. Seite 102 – 114) finden sich die Kinder an der gedeckten und geschmückten Tafel ein. An diesem Tag ist ein leichtes Festmahl willkommen, denn später werden alle noch vom Selbstgebackenen essen wollen.

Vorbereiten zum Backen

Bevor es ans Backen geht, werden die kleinen Bäcker eingekleidet. Jeder bekommt eine Bäckermütze und eine Schürze. Diese können ganz einfach selbst hergestellt werden:

Bäckerschürze

Material:
Geschirrtücher
Nahtband
Sicherheitsnadeln

Je Schürze drei 50 cm lange Bänder zuschneiden. Mit Sicherheitsnadeln an jedem Geschirrtuch eine Halsschlaufe und zwei Schürzenbänder feststecken.

Bäckermütze

Material:
Schnittmuster- oder weißes Krepppapier
Klebefilm

Je Bäckermütze ein Papierrechteck 60/35 cm zuschneiden. Für einen Mützenrand von ca. 5 cm Breite wird das Papier an einer Längsseite zweimal umgeknickt. Das vorbereitete Rechteck entsprechend der Kopfgröße des Kindes zu einem Zylinder zusammenkleben, die Mütze aufsetzen und so weit wie möglich einschlagen.

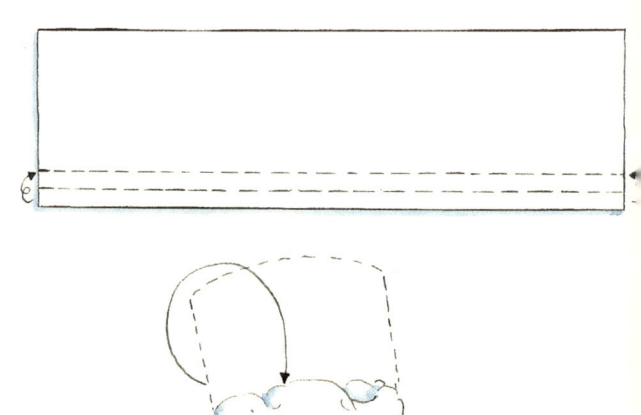

Der Bäckersmann

Fertig ist der Bäckersmann,
mit Schurz und Mütze angetan.
Jetzt wäscht er seine Hände rein.
Vor dem Backen muss das sein!

In einer Schüssel, nicht zu klein,
soll nun der Teig bereitet sein:
Jetzt knetet er, der Bäckersmann,
das macht ihm Spaß, man sieht's ihm an:

Da packt er zu, spart keine Kraft,
und bald schon ist das Werk geschafft:
Glänzt dann der Teig, so darf er ruh'n,
da «geht» er ganz gemütlich nun.

Hoch und höher wird er dann,
und wieder kommt der Bäckersmann:
Er knetet noch mal, formt und bäckt
Bald seht ihr, wie's den Kindern schmeckt.

Die Bäcker kommen

Wenn dann die jungen Bäcker in der Küche auftauchen, kneten sie den Teig, der in der Zwischenzeit hoch aufgegangen ist, noch einmal durch – selbstverständlich darf jeder dabei mithelfen –, dann wird der Teig zu einer Rolle geformt und in 16 – 18 gleichgroße Stücke geteilt.

Der Backofen wird auf 220 Grad vorgeheizt, die Backbleche eingefettet, die Eigelbmilch angerührt, kleine Schälchen mit Salz und Sesam bereitgestellt.

Nun geht's an das Brezelnformen: Jedes Kind bekommt zunächst ein Teigstück und rollt dieses zu einer etwa 50 – 60 cm langen Wurst, diese sollte an den Enden etwa halb so dick sein wie in der Mitte. Nun wird die typische Brezelform geschlungen – das ist gar nicht so einfach, wie es aussieht. Wo es nötig ist, hilft der Erwachsene. Danach bestreicht jeder seine Brezel mit Eigelbmilch und bestreut sie mit Sesam und etwas feinem Salz oder nur mit grobkörnigem Salz.

Brezeln, die schon fertig vorbereitet sind, werden auf das Backblech gelegt und etwa 15 Minuten bei 220 Grad gebacken. Je nachdem, wie viele Teilnehmer es beim Backfest gibt, kann jedes Kind zwei oder mehrere Brezeln formen – gegebenenfalls Teigmenge um eine halbe oder ganze Rezeptmenge erhöhen.

Die Brezeln sind im Ofen

Wenn das Gebäck im Ofen ist, dann heißt es: warten, bis es goldbraun ist. Inzwischen können die Kinder bunte Bändchen aus farbigem Baumwollgarn (Häkelgarn) drehen, an denen sie später eine fertig gebackene Brezel nach Hause tragen können.

Sind alle Brezeln fertig, dann sollten sie noch Gelegenheit zum Auskühlen haben. Die Wartezeit kann man mit Spielen oder mit einer Geschichte überbrücken.

Zirkusfest

Der Zirkus ist in der Stadt! Viele Kinder waren dort. Manche sogar schon zwei- oder dreimal. Sie erzählen begeistert. Andere wünschen sich unbedingt, auch hinzugehen. Über Tage und Wochen sind die Erlebnisse von der Zirkusveranstaltung Gesprächsstoff unter den Kindern. Der Clown wird nachgemacht, und auch andere «Nummern» werden nachgespielt. Die Kinder sind angeregt durch das, was sie erlebt haben, und das ist die beste Grundlage, ein Kinderfest, z. B. einen Geburtstag, auch mal als Zirkusfest zu feiern.

Zirkus für alle

Für ein Kinderfest mit dem Motto «Zirkus» muss nichts geprobt werden. Alles kann spontan, aus dem Augenblick heraus entstehen. Wichtig ist allerdings, dass der Erwachsene sich ein Konzept für die Spiele überlegt. Außerdem braucht man eine Zirkuskiste mit verschiedenen Utensilien.

Bei einem Zirkusfest wird die Mutter, der Vater die ganze Zeit dabei sein. Der Erwachsene ist jedoch nicht Alleinunterhalter, der vor den Kindern eine Nummer nach der anderen abzieht. Das Zirkusfest wird gerade dadurch zum Erlebnis, dass die Kinder nicht untätig herumsitzen und anderen beim Spielen zuschauen, sondern dadurch, dass jeder selbst die Möglichkeit hat mitzumachen.

Zirkuskiste

Einige Gegenstände, die man zum improvisierten Zirkusspiel gut gebrauchen kann:

Bälle, Reifen, Spieltücher, Schals, Springseil, weiße Trikothandschuhe, Clownsgewänder und Schminke, einiges zum Verkleiden (s. Seite 170), Bastelmaterial für Zirkusschmuck, Spiele und Instrumente.

Zirkusschmuck

Zu einem Zirkusfest gehört auch bunter Schmuck. Einiges kann in den Tagen vor dem Fest gebastelt werden. – Wenn gar keine Zeit dazu sein sollte, lässt sich ein Teil der Dekoration auch erst am Festtag zusammen mit den Gästen herstellen. Neben dem Eingang kann auch der Durchgang zum Spielbereich in der Wohnung mit Bändern und Blumen aus Krepppapier geschmückt werden (s. a. Seite 50/51).

Zirkusplakat

Schon an der Eingangstür kann ein selbst gemaltes Zirkusplakat auf das Motto des Festes hinweisen. Wenn keine Gelegenheit ist, dies vor der Einladung selbst zu malen, kann es zu Beginn des Festes gemeinsam mit den Gästen gefertigt werden. Für diesen Fall legt man einen Bogen Packpapier und verschiedenfarbige Wachskreiden bereit. Kinder, die schon früher kommen und noch warten müssen, bis alle da sind, haben meist große Freude an solchen Aufgaben.

Auch die Sprechtüte, die der Zirkusdirektor später brauchen wird, kann zusammen mit den Kindern gebastelt werden:

Sprechtüte für den Zirkusdirektor

Material:
– Karton oder Tonpapier DIN A3
– Wachsblöckchen
– Klebestift und Klebefilm

Aus dem Karton einen Viertelkreis ausschneiden, das Papier bunt bemalen, mit Klebestift zu einer Tüte kleben, von innen mit Klebefilm dagegenkleben. Für die Sprechöffnung ca. 2 cm unterhalb der Spitze ein Dreieck abschneiden.

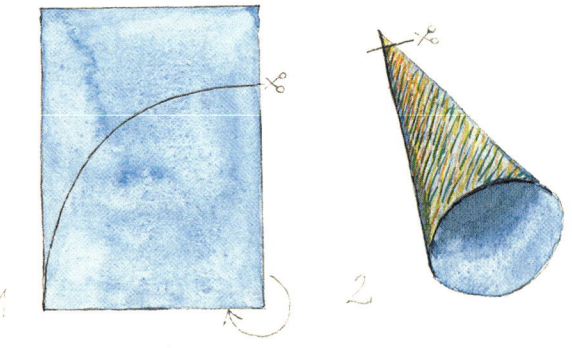

Ideensammlung

Wenn ein Kinderfest mit dem Motto Zirkus angesagt ist, kann es ein allgemein gültiges Rezept dafür, wie sich dieser Tag gestalten lässt, nicht geben. Jeder Gastgeber hat eigene Möglichkeiten und Bedürfnisse, zu feiern. Außerdem ist die Größe einer Festgesellschaft sowie auch Anzahl und Alter der Gäste überall anders. So sind die nachfolgenden Bastel- und Spielvorschläge vor allem als Ideensammlung zu verstehen, aus der man sich das heraussuchen kann, was sich für das eigene Fest eignet. Alle der hier angegebenen Programmpunkte sind für einen Nachmittag zu viel.

Empfang

Ein überraschender Empfang passt gut zu einem Zirkus. Die Kinder haben ihr Vergnügen daran, den Gästen gleich an der Tür schillernde Seifenblasen entgegenzupusten oder sie mit bunten Konfettis, die sich mit einem Locher selbst ausstanzen lassen, zu bestreuen.

Vielleicht hat das Gastgeberkind auch Lust, sich mit einem ungewöhnlichen Outfit zu versehen und die Gäste mit Musik zu empfangen.
Beim Zirkusfest stehen Bewegung und Spiel obenan. Die ersten Aktivitäten gibt es gleich zu Beginn. Solange noch nicht alle Kinder da sind, kann man sich in allerlei Kunststücken üben:

- Mit beiden Ohren wackeln.
- Mit einer Hand ringsherum über den Bauch reiben, mit der anderen Hand an der Stirn herauf- und herunterfahren.
- Auf dem Kopf etwas balancieren.
- Jonglieren mit Jongliertüchern oder mit zwei bis drei kleinen bunten Seidentüchern.
- Einen Zungenbrecher sprechen.
- Seifenblasen blasen.
- Ein Lineal senkrecht auf einer Handfläche balancieren.

Fröhliche Klänge sind eine willkommene Begleitung bei einem Zirkusfest. Mit einem lustigen Tanz oder einem Karussellspiel (s. Seite 224/225) lässt sich der Anfang des Festes einstimmen. Zwischen den Zirkusnummern kann es immer wieder Musikklänge geben, die z. B. auf einer Mundharmonika oder auf einfachen, selbst gemachten Instrumenten gespielt werden. Auch ein Lied mit einem eingängigen Rhythmus kann während des Nachmittags wiederholt gesungen werden.

Wenn die Zirkusleute feiern

Volksweise

1. Wenn die Zirkusleute feiern, tanzen sie so gern zu zweien.
Eia, eia, eia, so geht's, so geht's, so geht's.
Ei, so geht's, so geht's, ei, so geht's, so geht's, tanzen sie so gern zu zweien.

Vor dem Zirkus können alle zusammen ins Karussell einsteigen. Die Mitspieler stellen sich so dicht wie möglich in einen Kreis. Vor ihnen auf dem Boden liegt ein zu einem Ring geknotetes kurzes Seil (z.B. ein Springseil ohne Griffe) oder eine Kordel. Die Kinder heben das Seil mit ihrer rechten Hand vom Boden auf und halten es gut fest. Nun setzt sich das Karussell in Bewegung:

Es dreht sich erst langsam, dann steigt es und wird schneller. Die Schnur wird dabei immer höher gehalten. Danach wird das Karussell langsamer und sinkt wieder. Das Seil wird hingelegt: Alles aussteigen! Wer will noch mal fahren?

Eingang zum Zirkus

Worte und Melodie: Elsbeth Friemert

1. Das Karussell, das Karussell, das dreht sich, hei, juchhei. Ich fahre mit, und alles fliegt im Nu an mir vorbei.

2. Es schaukelt hin, es schaukelt her,
ich find das wunderschön.
Und alle Leute können mich
so lustig schaukeln sehn.

3. Doch schon geht's weiter, rundherum,
nun saust es, was es kann.
Auf einmal tönt die Glocke hell,
wir halten alle an.

Der Zirkusdirektor

Die Kinder nehmen in der Arena Platz. Das Zirkusfest kann steigen. Der Zirkusdirektor tritt auf.
Der Zirkusdirektor leitet die Vorstellung und sagt das Programm an. Es bietet sich an, dass die Mutter oder der Vater diese Rolle übernimmt.

Hereinspaziert, meine Damen und Herren!

Der Vater hat sich als Zirkusdirektor verkleidet: Unter sein Hemd hat er sich ein kleines Kissen gestopft. Er hat sich einen schwarzen Zylinderhut aufgesetzt, ein großes rotes Spieltuch umgelegt und trägt weiße Handschuhe. Er kommt herein.

Die Kinder sitzen schon im Halbkreis – in der Arena. Der Zirkusdirektor tut sehr vornehm. Er näselt beim Sprechen. Zuerst begrüßt er die Gesellschaft, und dann hat er gleich etwas Wichtiges mitzuteilen: «Äh, – ja – ehem … wie soll ich Ihnen das nur sagen, meine Damen und Herren? – Also … unser Clown ist verschwunden. Ja, Sie haben richtig gehört … unser Clown ist nicht da. – Stellen Sie sich das vor: Ein Zirkus ohne Clown! – Ich bin empört, nein, ich bin außer mir! – Da, schauen Sie sich das an: Die Schminkkiste hat er hier gelassen und auch seine Hose, seine Jacke und seine Schuhe. – Alles ist da – nur der Clown ist weg! – Was sollen wir denn jetzt machen?» «Wir rufen ihn!», schlägt eines von den Kindern vor. – «Rufen!», sagt der Zirkusdirektor, «gut, das machen wir. – Also, wir rufen jetzt alle aus Leibeskräften, ja?» – Es wird gerufen. Einige stimmen zaghaft mit ein. – Nichts rührt sich. «Jetzt noch einmal, alle zusammen», meint der Zirkusdirektor. Es wird wieder gerufen. – «Ja, so war es schon ganz gut. Das müsste er eigentlich gehört haben.»

Der Zirkusdirektor geht zur Tür. Er schaut hinaus. «Nichts zu sehen», sagt er. «Was machen wir nur? – Wir können doch nicht ohne ihn anfangen». – «Dann bist du eben der Clown!» – ruft Martin. «Der Clown … ich? – Oho, nein … das geht nicht. Wisst ihr, was dann ist? – Dann gibt es keinen Zirkusdirektor mehr, und ein Zirkus ohne Zirkusdirektor – das geht genauso wenig, wie ein Zirkus ohne Clown. – Aber wartet! Ihr habt mich auf eine Idee gebracht: Es kann doch einer von euch den Clown spielen. – Ja, das ist es, das ist die Lösung. Also wer mag Clown sein? Wer wagt es?»

Der Clown

Was kann er denn, der Clown?

Tatsächlich ist nach einigem Zögern einer aus der Runde bereit, den Clown zu spielen. Es kann ja nichts schief gehen. Der Auftritt des Clowns gelingt ohnehin am besten, wenn er spontan entsteht. Langes Proben nimmt der Gestalt den Charme. Andreas will Clown werden. Er wird mit vereinten Kräften umgezogen. Er bekommt ein Hemd und Hosenträger und schließlich eine lange, möglichst weite Hose. Vielleicht gibt es auch eine Perücke und einen alten Hut? Der Clown wird auch geschminkt, oder er schminkt sich selbst. (Vaseline zum Abschminken für später bereithalten.)

Ein Clown wirkt schon allein durch sein Äußeres. Er braucht gar nicht viel zu tun, und es genügt auch, wenn er wenig oder überhaupt nichts spricht. Wie er da in seiner seltsamen Kleidung und mit seinem geschminkten Gesicht erscheint, wie er guckt, wie er geht, wie er etwas anfasst: alles, was er anfängt, wirkt irgendwie komisch.

Wenn ein Kind nun unverhofft zum Clown geworden ist, kann man nicht von ihm erwarten, dass ihm nun sofort alle möglichen Clownereien einfallen. Der Zirkusdirektor kann ihm helfen, sich in die Rolle einzuleben.

Der Clown im Spiegel

Der Clown muss sich erst ein bisschen warm spielen, und das geht am besten, wenn es gleich am Anfang etwas zu lachen gibt:

Der Zirkusdirektor freut sich, dass der Clown so phantastisch aussieht. Mit einer großartigen Gebärde befördert er einen imaginären Spiegel herein und stellt ihn vor dem Clown auf. – Bei diesem Spiel ist der Zirkusdirektor selbst der Spiegel. Er steht dem Clown gegenüber und macht alles nach, was der Clown vormacht.

Damit der Clown nicht nur stocksteif dasteht, sondern auch in Bewegung kommt, wird er vom Zirkusdirektor ermuntert: «Schau, deine Schuhe, deine Nase, oh und wenn du dich einmal umdrehst, da kannst du dich auch von hinten sehen … etc.» Der Zirkusdirektor macht die kleinste Bewegung nach und auch jede Gebärde, wie Naserümpfen, Schulterzucken, Blinzeln usw.

Für die Zuschauer sieht dieses Spiel sehr vergnüglich aus.

Wenn der Clown sich genügend angeschaut hat, wird er den Kindern bestimmt etwas zu sagen haben. Nur – was meint er denn? Das klingt ja recht lustig, was er da spricht.

Der Clown spricht und führt etwas vor

Dem Clown wird es gleich gelingen, die Herzen aller zu gewinnen, wenn er zwischendurch in einer merkwürdigen Sprache spricht. Ist da einer unter den Zuschauern, der ihn versteht?

Nubun papasst ebeibinmabal gubut abaubuf!

Sobald einer herausbekommen hat, wie die seltsame Sprache funktioniert, kann er auf die gleiche Weise etwas sagen.

Der Clown kann nun «Kunststücke» vorführen. Das, was er beginnt, darf auch danebengehen. Der Clown ist ja gerade dadurch für die Kinder so liebenswert, dass er sich immer ein wenig ungeschickt anstellt. Also, nichts muss geübt werden!

Der Clown kann zwischen den einzelnen Kunststücken Musik machen: Auf einer Mundharmonika oder auf einem Kamm, der mit weißem Seidenpapier bespannt ist, lassen sich einige Töne blasen. Das darf ruhig falsch klingen. – Vielleicht spielt er auch Jojo oder Diabolo. Ein Clown ist nicht deswegen so erheiternd, weil er etwas gut kann. Er wirkt mehr durch seine Verkleidung, durch seine Gebärden und seine Mimik. Er gibt auch ohne weiteres zu, wenn ihm etwas nicht gelingt.

Die Akrobaten kommen

«Als Nächstes, meine Damen und Herren», verkündet der Zirkusdirektor, «als Nächstes sind die Akrobaten an der Reihe. Aber meine Damen und Herren, stellen Sie sich vor – sie haben gesagt, dass sie hier ihr Netz nicht aufspannen können. Die Manege ist ihnen zu klein. Darum spielen sie heute nur kleine Kunststücke vor. – Sie wollen, dass ich mir überlege, was sich hier bei uns aufführen lässt. Vielleicht können Sie mir helfen? Ich habe ganz viele Zettel dabei, damit ich alles aufschreiben kann. Bis jetzt ist mir nur ‹Purzelbaum› als Kunststück eingefallen. Aber es gibt sicher noch mehr...?»

«Purzelbaum rückwärts!», ruft Emil. Auch die anderen haben noch verschiedene Ideen: Auf einem Seil balancieren, Rad drehen, Kopfstand, auf einem Bein im Kreis herum hüpfen, sich in den großen Zeh beißen etc.

Der Zirkusdirektor schreibt fleißig auf, jedes Kunststück auf ein eigenes Blatt. Er faltet alle Papiere gleichmäßig zweimal zusammen und steckt sie in seinen Zylinder. Jetzt können die Akrobaten kommen. – Jedes der Kinder darf Akrobat sein und sich aus dem Zylinder ein Los ziehen, damit es weiß, welches Kunststück es darstellen wird.

Auch der Clown hat ein Los gezogen und führt etwas vor. Er ist natürlich der Allerungeschickteste von allen. Nicht einmal einen Purzelbaum bringt er zusammen. Immer wieder nimmt er Anlauf, doch es will ihm nicht gelingen. Aber es gibt viel zu lachen dabei.

Nach den Akrobaten gibt es noch allerlei andere Zirkusnummern:

Kartoffelartisten

Zwei Mitspieler sind die Artisten. Sie stehen sich gegenüber. Jeder bekommt einen Stecken (etwa 70 – 80 cm lang), legt diesen auf die angewinkelten Unterarme und nimmt außerdem in die linke Hand einen Esslöffel, auf dem eine Kartoffel liegt und in die rechte Hand einen leeren Esslöffel. Jeder Artist versucht nun, die Kartoffel des anderen auf seinen rechten Esslöffel zu bekommen. – Da heißt es aufpassen, dass einem nicht der Stecken herunterrutscht oder die eigene Kartoffel abgenommen wird.
Mehrere Spielerpaare können sich als Kartoffelartisten versuchen.

Tiere raten

Alle Kinder, auch der Clown und der Zirkusdirektor, sitzen im Kreis. Ein Mitspieler denkt sich aus, was für ein Tier er sein möchte, er verrät es aber nicht. Er begibt sich in die Kreismitte. Die anderen versuchen nun, herauszubekommen, was für ein Tier er sein könnte. Sie versuchen z.B. das Tier zu locken, zu streicheln, mit ihm zu spielen. Es wird nach seiner Eigenart auf die Annäherungsversuche reagieren und entsprechende Töne von sich geben. Wer schließlich herausfindet, was es ist, der darf das nächste Tier sein.

Die große Tiernummer

Für dieses Spiel müssen zusammengehörige Kartenpaare vorbereitet werden. Je zwei Mitspieler bekommen zwei kleine Karten (etwa halbes Postkartenformat). Die beiden einigen sich auf ein bestimmtes Tier. Jeder malt dieses auf seine Karte. Es werden möglichst solche Tiere gewählt, die auffällige Laute von sich geben können, wie z. B. Kuh, Esel, Katze, Schwein, Hund, Huhn, Hahn etc. Die Kartenpaare werden eingesammelt, gemischt und auf einen Stoß gelegt.

Reihum zieht jeder Spieler eine Karte und merkt sich, was für ein Tier er sein wird. – Musik spielt – z.B. auf der Mundharmonika –, wenn sie aussetzt, geben die «Tiere» die jeweils zu ihnen gehörigen typischen Laute von sich: z. B. «Muh – muh», «I-A – I-A», «Wau – wau», «Miau», «Kikeriki». Jeweils zwei gleiche Tiere sind ein Paar. Wenn sich alle Paare gefunden haben, gibt es wieder Musik, und die Tierpaare drehen zusammen ein Tänzchen.

Die Karten können zusammengelegt neu gemischt werden. Dieses Spiel lässt sich beliebig oft wiederholen.

Seiltänzer

Seiltänzer dürfen alle sein. Manche Kinder wollen bei diesem Spiel nicht aktiv werden, sie schauen lieber nur zu. Drängen wir sie nicht! Wer sich nicht ganz sicher auf den Beinen fühlt, der tritt an diesem Tag lieber nicht auf. Seiltanzen ist wirklich nicht jedermanns Sache.

Ein langes Seil oder eine Kordel wird über den Fußboden gelegt. Die Kinder dürfen darüber balancieren und gleichzeitig allerlei Kunststücke vorführen: auf einem Bein hüpfen und gleichzeitig einen aufgespannten Regenschirm nach oben halten. Etwas auf dem Kopf befördern. Auf einem Löffel eine Kartoffel vor sich halten und rückwärts laufen ... etc.

Nacheinander können verschiedene Seiltänzer auftreten. Die anderen schauen zu. Der Clown versucht natürlich auch sein Glück beim Balancieren. Der Zirkusdirektor kann dazu seine Kommentare abgeben:

«Eine tollkühne Nummer, meine Damen und Herren – ohne Netz und doppelten Boden.»

Daniel ist für die Zirkusmusik zuständig. Er trommelt mit den Händen auf den Boden. Emil hat in der Zirkuskiste zwei Holzklötze gefunden. Er nimmt die Holzklötze in die Hände, streckt beide Arme zur Seite und versucht dabei, mit allerlei Verrenkungen über das Seil zu balancieren. «Vorsicht, Emil – pass auf – unter dir ist der Abgrund!» Nach ihm dürfen es auch die anderen versuchen.

Dieses Spiel bekommt eine besondere Note, wenn sich die Seiltänzer mit allerlei seltsamen Gewändern und Accessoires aus der Zirkuskiste verwandeln dürfen.

Der kluge Elefant

Zwei Mitspieler werden als Elefant verwandelt und mit einer – möglichst graufarbenen – Decke überdeckt. Als Rüssel dient die leere Hülle eines Geigen- oder Cellokastens.

Der Zirkusdirektor will etwas vorführen: «Eine Sensation, sage ich Ihnen, eine Sensation! Sie werden es gleich selbst erleben: Kaum zu glauben, aber wahr: der Elefant, der rechnen kann. – Komm, Dicker, brauchst keine Angst zu haben. Die Kinder wollen nur zuschauen, sie tun dir nichts. Und außerdem, wer weiß, ob sie überhaupt rechnen können.» Der Direktor tätschelt den Elefanten und beginnt: «Wieviel ist 2 und 4?» – Der Elefant stampft sechsmal auf. – «Brav – Wie viel ist 14 weg 5?» – Der Elefant stampft 9 mal. – «Großartig! – So, nun machen wir es schwieriger: Wie viel ist 26 weg 19.» – Der Elefant stampft. Er darf sich ruhig mal verrechnen. Die Zuschauer freuen sich, wenn sie die Lösung wissen – oder bemerken sie die Fehler nicht?

Damit der Elefant nicht so viel stampfen muss, sollen als Rechnungsergebnisse möglichst niedrige Zahlen herauskommen.

Die Riesenschlange

Der Zirkusdirektor verkündet: «Achtung, Achtung, meine Damen und Herren, jetzt sehen Sie die große Sensation. Die Riesenschlange Perpuria Kunusis – eine der gefährlichsten Schlangen überhaupt. Heute können sie Zeuge sein: Perpuria Kunusis konnte gezähmt werden, und nicht nur das. – Unserem Schlangenbeschwörer ist es gelungen, mit dieser Schlange ein Kunststück einzuüben. Er wird es Ihnen gleich vorführen. Bitte rücken Sie noch mehr nach hinten – vorsichtshalber. Musik bitte.» Zu diesem Spiel kann man das Lied «Die Riesenschlange» (Seite 180) singen.

Der Schlangenbeschwörer tritt auf. Mit seinem Turban, der einfach aus einem weißen Handtuch gedreht wurde, sieht er sehr würdig aus. Der Schlangenbeschwörer bringt recht geheimnisvoll einen zugedeckten Korb herein: Er lüftet ein wenig das Tuch und holt seine Flöte heraus. (Der Kopf der Schlange ist durch einen dünnen Faden mit dem Ende der Flöte verbunden). Der Schlangenbeschwörer setzt die Flöte an und beginnt, erste zarte Töne zu spielen. Die Schlange reckt ihren Kopf und gleitet aus dem Korb heraus. Sie folgt dem Schlangenbeschwörer langsam und feierlich. Ihre Bewegungen werden munter und dann immer langsamer. Die Schlange wird müde. Allmählich bewegt sie sich in den Korb zurück. Jetzt kann sie schlafen. Sie wird zugedeckt. Der Schlangenbeschwörer verneigt sich und geht hinaus.

Die Kinder lieben den «Schlangenbeschwörer». Er ist jedoch das einzige von den hier vorgestellten Spielen, das etwas geübt werden muss. Es wird möglichst ruhig gespielt. Bei diesem Spiel ist es hilfreich, wenn ein Erwachsener oder z.B. der große Bruder als Schlangenbeschwörer auftritt. Wenn es keinen Mithelfer gibt, schlüpft man einfach von der Rolle des Zirkusdirektors in die des Schlangenbeschwörers. – Dieses Spiel wirkt nach vielem Toben sehr beruhigend.

Für den Schlangenkörper werden z.B. Stücke aus Korken auf einen Kunststofffaden aufgefädelt. (Abstände zwischen den Gliedern lassen.) Als Schlange kann aber auch ein Springseil ohne Griffe dienen.

Löwennummer

Nach einer Vorführung, bei der die Kinder mehr oder weniger ruhig zugeguckt haben, können sie bei der Löwennummer wieder in Bewegung kommen. Ein Gymnastikreifen dient als Feuerreifen. Die Kinder sind nun nach Belieben Löwen, Tiger, Affen etc. und springen hindurch. Dieses Spiel eignet sich nur dann, wenn es möglich ist, genügend Matratzen aufzubauen, damit die Springer weich landen können.

Für die Löwennummer hält der Zirkusdirektor den Reifen so, dass man gut hindurchspringen kann, und kündigt jeden einzelnen Springer großartig an.

Erfrischungen

Zwischendurch wird eine Erfrischungspause vorgesehen, in der es etwas zu essen und vor allem auch reichlich zu trinken gibt. Festliche Torten passen zum Zirkusfest weniger als verschiedenes Kleingebäck – salzig oder süß. Die Tafel, an der sich die Gesellschaft erfrischen kann, wird dem Anlass entsprechend an diesem Tag eher praktisch als feierlich gedeckt sein.

Der Tisch kann gemeinsam vorbereitet werden. Statt mit einer weißen Tischdecke kann er mit Papier bespannt sein und von den Kindern mit Wachsmalkreiden bemalt werden (Makulaturtapete oder Packpapier mit Klebeband befestigt). Die Kinder haben an einer solchen Aktion viel Spaß. Nach den Spielen und den Vorbereitungen schmeckt es heute besonders gut.

Zum Abschluss

Zum Abschluss kann der Zirkusdirektor noch einmal auftreten und die Kinder verabschieden. Vielleicht macht er noch ein Kunststück vor.

Er hat einen Zettel und einen Stift dabei. Nun sagt er zu Julian: «Schreib irgendetwas auf den Zettel, falte ihn zweimal zusammen und lege ihn hier neben mir auf den Boden. Ich werde dir dann sagen, was draufsteht.» Julian schreibt also und legt den beschriebenen Zettel an die gewünschte Stelle. Der Zirkusdirektor bittet Julian nun, dreimal rechts um den Zettel herum zu laufen – prima! und nun noch dreimal links herum. Danach soll er den rechten Fuß auf den Zettel setzen und die Arme verschränken. – «Gut so! – Also nun werde ich euch sagen, was auf dem Zettel steht: Julians rechter Fuß!»

Der Zirkus ist zu Ende nun,
so sagt vergnügt Frau Gackerhuhn.
Gut' Nacht, so ruft der Karpfenmann
und tanzt mit ihr zum Abschluss dann.

Regenfest

Eigentlich war ein Sommerfest geplant. Kurz vor dem Fest aber brauen sich Wolken zusammen. Das Wetter schlägt um. Die Kinder sind ganz enttäuscht, als sie in der Früh aus dem Fenster schauen und sehen, wie der Regen gegen die Scheiben prasselt. Immer wieder blicken sie zum Himmel, ob sie nicht ein Stückchen Blau entdecken können. «Da hinten wird es schon ganz hell», sagt Anna. – Alle schauen. Ach nein, das war nur eine besonders helle Regenwolke. Es gießt weiterhin wie aus allen Kannen.

Es fängt an zu tröp-feln, 's kommt ein Weib mit Äp-feln.
Es fängt an zu gie-ßen, 's kommt ein Mann mit Nüs-sen!

Alle sind schon aufs Feiern eingerichtet, doch wenn man sich den Himmel anschaut, kann man an allen fünf Fingern abzählen, dass kaum Aussicht besteht, dass das Wetter demnächst besser wird.

«Beim Regen», sagt der Erste, «da wird man nass.»
«Beim Regen», sagt der Zweite, «ist das kein Spaß.»
«Beim Regen», sagt der Dritte, «da geh ich nicht raus.»
«Beim Regen», sagt der Vierte, «da bleib ich zu Haus.»
«Beim Regen», sagt der Fünfte, «liebe Leut!
mach ich mich fürs Regenfest bereit!»

Ein Regenfest feiern?

Wir wollen trotzdem feiern, nicht nur drinnen, sondern auch draußen. Es wird ein Regenfest geben. Die Spielkameraden werden angerufen, dass sie Gummistiefel und Regenkleidung mitbringen sollen und vielleicht auch Kleider zum Wechseln für nachher.

Nicht alle Eltern sind von der Idee begeistert. «Was, ein Regenfest? – Mein Florian hat gerade eine schwere Erkältung hinter sich. Nein, da ist es mir lieber, er kommt nicht zu dem Fest. Draußen im Regen spielen – bei dem Matsch? ... das ist doch unverantwortlich!» – Schade, die anderen fanden die Idee mit dem Regenfest gut. Sie haben sich schon gefreut, drinnen und draußen zu spielen. Eine Mutter hat ihre Mithilfe angeboten. Sie will die Festgesellschaft mit dampfendem Kakao erwarten, wenn sie vom Spielen im Freien zurückkommt und vielleicht auch ein heißes Fußbad im Badezimmer vorbereiten.

Die Kinder freuen sich schon auf den Nachmittag, da kann man doch nicht wieder absagen. Es bleibt dabei! Wir feiern ein Regenfest, wie ausgemacht, und der Florian wird ein anderes Mal eingeladen.

Festbeginn

An der Eingangstür hängt ein Kinderbild, das zum Thema «Regenfest» passt, vielleicht auch eine große Regenwolke – aus Packpapier ausgeschnitten und mit einem Willkommensgruß bemalt.

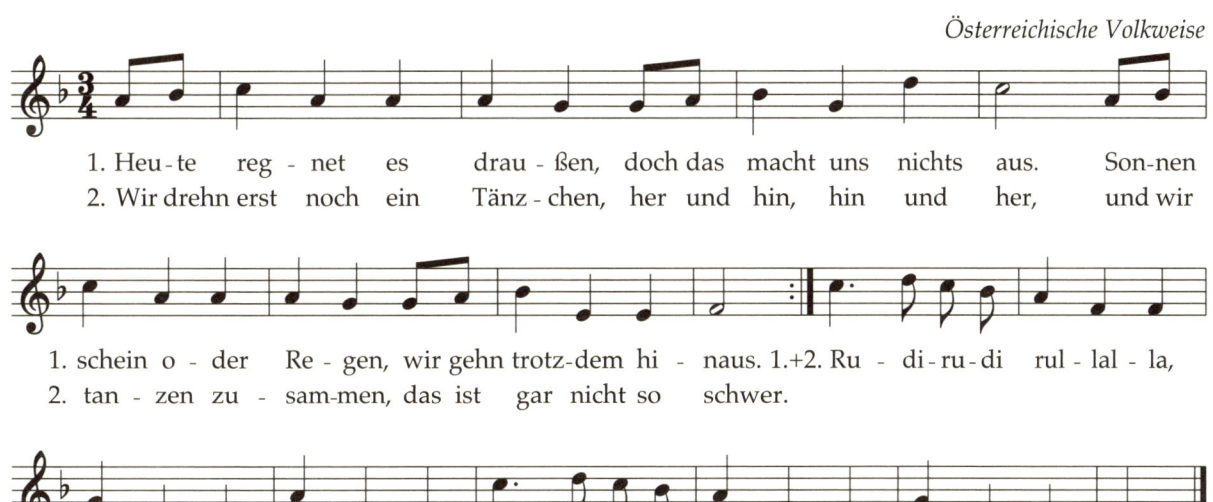

Österreichische Volkweise

1. Heute regnet es draußen, doch das macht uns nichts aus. Sonnenschein oder Regen, wir gehn trotzdem hinaus. 1.+2. Rudi-rudi rul-lal-la,
2. Wir drehn erst noch ein Tänzchen, her und hin, hin und her, und wir tanzen zusammen, das ist gar nicht so schwer.

Mit einem Tanzlied zum Einstimmen oder mit einem Anfangsspiel (s. Seite 102 – 114) kann das Fest beginnen.
Bevor alle hinausgehen, gibt es vielleicht noch eine Geschichte. Da wird zu hören sein, wie es Baron von Münchhausen ergangen ist, als er einmal in den Regen kam.

Münchhausen im Regen

Vor langer Zeit lebte einmal der Baron von Münchhausen. Vielleicht habt ihr schon von ihm gehört? – Er wurde auch der Lügenbaron genannt, weil seine Geschichten meistens so abenteuerlich waren, dass man ihnen gar keinen rechten Glauben schenken konnte. Er hat sich halt gerne wichtig gemacht, der Baron von Münchhausen – aber die Geschichte, die ich euch jetzt erzähle, die soll sich wirklich zugetragen haben.

Einmal war der Baron von Münchhausen in Polen unterwegs. Dort war er Gast bei dem Herzog von Kurland. Der Herzog hatte seinen Spaß an den lustigen Reden des Münchhausen, und so kam es, dass er ihn für den nächsten Tag zu einem Jagdausflug einlud. Der Herzog ritt also mit seinen Begleitern zum Jagen. Mittags, als sie gerade

Rast machten, kam plötzlich ein frischer Wind auf. Er fegte schwere Wolken heran. Jeden Augenblick konnte es zu regnen anfangen, und so entschied der Herzog, in der Jagdhütte zu bleiben und abzuwarten, bis der Regen vorbei wäre.

Davon wollte nun Münchhausen nichts hören: «Ich reite durch den Regen hindurch!», sagte er. «Ich möchte doch nicht die Teestunde auf der Burg im Kreise der schönen Damen versäumen.» – Die anderen schüttelten ihre Köpfe: «Soll er doch reiten!», dachten sie und stellten sich – nicht ohne Schadenfreude – vor, wie er nun durch und durch nass werden würde.

Münchhausen gab also seinem Pferd die Sporen. Kaum hatte er sich auf den Weg zur Burg gemacht, brach ein Regen los, wie er ärger nicht hätte sein können. Keinen Hund hätte man bei diesem Wetter auf die Straße jagen mögen! Und Münchhausen mitten durch!

Der Regen verging so schnell, wie er gekommen war. Nach einer halben Stunde war alles vorbei. Der Himmel klarte wieder auf, und so ritt nun auch der Herzog mit der übrigen Gefolgschaft ebenfalls zur Burg zurück. Und stellt euch vor: Die waren nicht schlecht erstaunt, als sie sahen, wie Münchhausen mit trockenen Gewändern inmitten der schönen Damen saß. Er hatte ihnen bereits erzählt, dass er mit seinem schnellen Pferd unter dem Regen durchgeritten war. Als nun die Jagdgesellschaft bestätigte, dass der Baron während des großen Regens geritten sein musste, rätselten alle, wie er es wohl geschafft hatte, mit trockenen Kleidern auf die Burg zu gelangen. Der Baron hat sein Geheimnis niemals verraten.

Vielleicht kann sich einer von euch denken, wie es ihm gelang, trocken zu bleiben?

Hinaus in den Regen

Die Festgesellschaft macht sich zum Ausgehen bereit, denn so war es ja angekündigt: Hier hat keiner ein schnelles Pferd wie der Baron von Münchhausen, also heißt es Regenmäntel, Gummistiefel und feste Schuhe anziehen und hinaus ins Freie.
Wenn es stark genug regnet, haben die Kinder besonderen Spaß: Da eilt das Wasser neben der Bürgersteigkante in kleinen Bächlein davon, und man kann allerlei Blättchen als Schiffchen auf den Weg schicken und zuschauen, wie sie am Rinnstein entlangflitzen.

Die Regentrude

Draußen im Park kann man sehen, dass die Regentrude unterwegs war. Immer, bevor es anfängt zu regnen, macht sie sich auf den Weg. Sie zieht mit ihrem Schleier an den gerade erblühten Blumen und Blüten vorbei – dann schließen sich die Blütenköpfchen, damit sie nicht verregnen und braun und hässlich werden.

Gänseblümchen, die auch im Sommer auf den kurz geschorenen Parkwiesen wachsen, haben geschlossene Köpfchen. Die Vögel haben sich in den Bäumen und Büschen verborgen.

Viele Schnecken sind unterwegs. «Die mit dem Häuschen, die können sich immer unterstellen, wenn's ihnen zu nass wird», sagt Anna. – Heute sieht man meistens nur braune Schnecken. Ihnen gefällt dieses Wetter. Wenn der Boden nass ist, können sie sich besonders gut fortbewegen. Sie haben sich ganz lang und dünn gemacht und ihre Fühler hoch aufgerichtet. Sie kriechen nicht nur auf den Wiesen und Pflanzen, sondern auch auf dem Weg.

Martin kommt auf die Idee, die Schnecken zu retten: «Sonst kommt einer mit dem Fahrrad und fährt drüber.» Er holt zwei Stecken, um eine Schnecke weiterzubefördern. «Hu, schaut mal, wie sie sich kurz und dick macht!» ruft er. Die anderen Kinder finden das lustig. Sie wollen auch Schnecken retten. «Da vorne sind noch ganz viele!» – «Ich

hab auch einen Regenwurm gerettet», ruft Emil und freut sich, «die sind nämlich nützlich, hat der Papa gesagt».

Bei den meisten braunen Schnecken sitzen hinten am Körperende Erdebommelchen. Wisst ihr, was das bedeutet?

Wenn die Kinder noch nicht allzu nass geworden sind, gibt es nun noch Spiele, z.B. eine Regenschirmstaffel (s. Staffellauf, Seite 198) oder andere Spiele, die sich für draußen eignen.

Auch wenn zum Regenfest geladen ist – allzu lange wird man mit den Kindern nicht im Freien bleiben: Etwas frische Luft und Bewegung, dann geht's wieder nach Hause.

Ein Lied kann die Kinder auf dem Heimweg begleiten:

Sonnenlied

Worte und Weise: volkstümlich

Lie - be, lie - be Son - ne, komm ein biss - chen run - ter,
lass den Re - gen o - ben, dann wol - len wir dich lo - ben.

Ei - ner schließt den Him - mel auf, kommt die lie - be Son - ne raus!

Jetzt ist die Festgesellschaft wieder im Haus. Alle haben warme Füße und jeder hat trockene Sachen an. An der festlich gedeckten Tafel gab es eine Stärkung. Vielleicht bleibt noch ein wenig Zeit, ein Spiel zu spielen, oder die Kinder malen Bilder, die nachher bei einer «Kunstausstellung» bewundert werden können.
Thema ist es, fröhliche, lachende Sonnengesichter zu malen, denn es soll ja bald wieder aufhören zu regnen. Der Witz an dieser Aktion ist, dass immer nur ein Kind mit verbundenen Augen malt: erst die Kopfform, dann Augen, Nase, Mund, Ohren und Haare. Das ist gar nicht so einfach, und es entstehen allerlei kuriose Gebilde dabei.

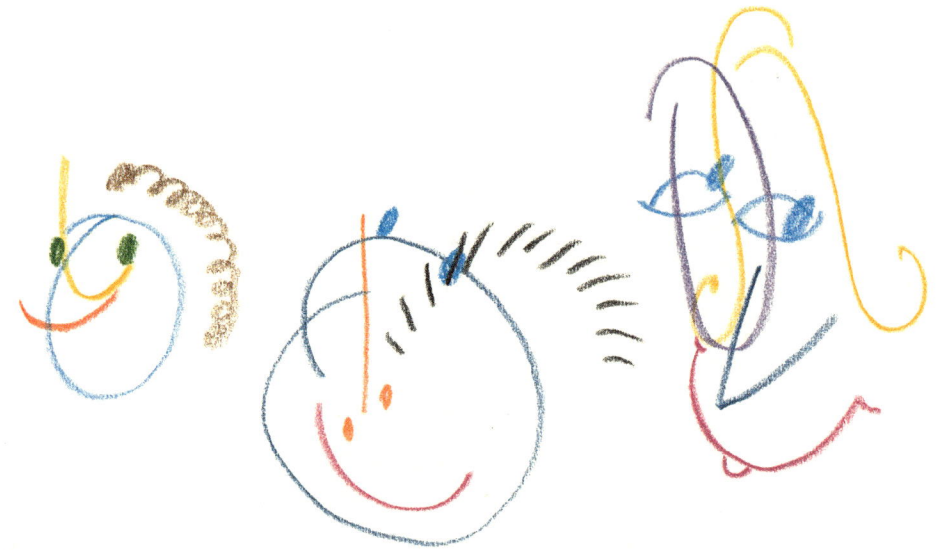

Zum Abschluss des Festnachmittags gibt es vielleicht noch eine Geschichte von der Regenprinzessin. Sie lässt sich auch als Puppenspiel vorspielen.

Die Regenprinzessin

Es war einmal ein Königreich, in dem gab es alles, was man sich nur wünschen kann, und die Bewohner des Landes waren glücklich und zufrieden. Nur ein einziges Menschenkind wollte nicht zufrieden sein: das war die kleine Prinzessin, die in dem prächtigen Königspalast wohnte. Ihr Vater, der Herr König, war darüber sehr betrübt, denn er hätte seinem einzigen Kind am liebsten jeden Wunsch erfüllt.

Wenn das Prinzesschen keine Suppe essen wollte, trug die Kammerfrau den Teller sogleich wieder fort. Wenn das Prinzesschen nicht lesen oder schreiben wollte, klappte der Lehrer die Bücher wieder zu und verließ eilig das Gemach. Nur ein Wunsch konnte der kleinen Prinzessin nicht erfüllt werden, wenn sie auch noch so oft sagte: «Ich will nicht, dass es regnet! Ich mag den Regen nicht!» Es regnete trotzdem, und das Prinzesschen saß mit einem Gesicht wie sieben Tage Regenwetter in dem wunderschönen Palast und langweilte sich.

Der Herr König berief alle Gelehrten und Erfinder seines Reiches an den Hof, aber keiner wusste Rat. Eines Tages jedoch kam vom anderen Ende der Welt ein sehr berühmter Mann, der hörte das Gras wachsen, und der wusste auch, wie man den Regen vertreiben konnte.

Da sagte der Herr König: «Ich stelle dich als Ober-Hof-Regenvertreiber an und zahle dir drei Groschen mehr, als meinem höchsten Minister, aber dafür darfst du es auch keinen einzigen Tropfen mehr regnen lassen, denn ich will, dass mein Prinzesschen allzeit fröhlich ist!»

Und so geschah es. Von nun an regnete es in dem Königreich nicht mehr, und die Prinzessin konnte jeden Tag im Sonnenschein spielen und war vergnügt und froh.

Dafür hatten nun aber die Bauern große Sorgen, denn die Wiesen und Wälder verdorrten, auf den Feldern wuchs kein Korn mehr, die Bäche versiegten und die Tiere schrien vor Durst. Da gingen die Bauern zum König und baten ihn, dass er es wieder regnen lassen möge. Aber der Herr König sagte: «Nein, mein Prinzesschen mag den Regen nicht!» Und so schien weiter die Sonne, die kleine Prinzessin lachte, und die Bauern weinten, denn alle ihre Mühe war umsonst, weil ohne Regen nichts gedeihen kann. Da nahmen sie ihre geringe Habe und zogen fort.

Das Prinzesschen aber spielte weiterhin im strahlenden Sonnenschein und wunderte sich nur, warum die Blumen im Garten ihre Köpfchen hängen ließen. «Wir brauchen Regen!», seufzten sie. Und die Bäume in den Wäldern, die Kräuter auf den Wiesen, die Hasen und die Rehe klagten. «Wir verschmachten, wir verschmachten, hab Erbarmen!» – Aber das Königskind sagte eigensinnig: «Ich mag den Regen nicht!»

Da zogen auch die Tiere fort, und bald sang kein einziges Vögelchen mehr im ganzen Königreich.

Allmählich bekam nun auch die kleine Prinzessin Durst, denn alle Quellen hatten aufgehört zu rieseln. Sie spürte auch Hunger, denn es gab kein Brot, keine Milch und kein Gemüse mehr, weil die Bauern, die dafür gesorgt hatten, fortgezogen waren. Da

begann das Prinzesschen zu weinen, und der Herr König sagte ernst: «Wir müssen es wieder regnen lassen! Vielleicht kommen dann die Bauern zurück!» Und er entließ noch in der selben Minute den Ober-Hof-Regenvertreiber aus seinem Dienst.

Und dann regnete es wieder wie ehedem. Die Bäche begannen zu rieseln und zu plätschern, die Wälder und Felder bedeckten sich mit neuem Grün. Die Bauern kehrten zurück, und alles war, wie es zuvor gewesen. Nur eines nicht: die kleine Prinzessin war fortan nie mehr unzufrieden und hatte nie mehr so einen törichten Wunsch.

Bastelfest

 Bei einem Bastelfest können die Kinder etwas herstellen, was sich anschließend für gemeinsame Spiele verwenden lässt. Einfache Dinge, die drinnen oder draußen in Bewegung gesetzt werden können, bieten sich an. Das hier vorgestellte Angel- oder Fröschespiel kann man gut in der Wohnung spielen, während man für die Flugenten, das Seifenblasenspiel sowie für die Drachen zumindest trockenes Wetter und eine Spielfläche im Freien braucht.

Das Bastelmaterial muss nicht viel kosten. Vieles lässt sich mit Papier, Pappe, Klebstoff und etwas Farbe gestalten.

Es wird möglichst schon im Einladungstext darauf hingewiesen, dass miteinander gewerkelt wird, damit sich die Gäste darauf einrichten können.

Festlicher Rahmen

Wenn nicht nur zum Basteln, sondern zu einem Bastelfest geladen wird, kann die Eingangstür und auch die Wohnung – dem Thema entsprechend – festlich geschmückt werden (s. Seite 47 – 52).

Ebenso wie bei anderen Festen kann der Nachmittag mit Einstimmungs- und Anfangsspielen (s. Seite 102 – 114) beginnen. Selbstverständlich wird auch für das leibliche Wohl gesorgt. Dem Thema des Bastelfestes entsprechend wird dies vielleicht einfacher oder rustikaler vorbereitet sein als bei anderen Kinderfesten. Ein herzhafter Imbiss ist hier möglicherweise eher angebracht als feine Torten.

Das gemeinsame Basteln, das Schwerpunkt dieses Nachmittags sein soll, ist für die Kinder viel vergnüglicher, wenn nicht nur etwas hergestellt wird, sondern wenn damit auch kleine Geschichten, Lieder oder Spiele verbunden sind. Auch kommen die Gäste schon ganz anders gestimmt zum Fest, wenn nicht nur schlicht zum Basteln eingeladen wurde, sondern wenn das Fest eine phantasievolle Bezeichnung hat. Ist für den Nachmittag das Basteln eines Angelspiels vorgesehen, so kann z. B. Kapitän Blubber-Brausebart zum Fest bitten.

Kapitän Blubber-Brausebart lädt ein

  Nach ersten Spielen und nach Blubber-Brausebarts Festmahl kann der Höhepunkt des Nachmittages, das gemeinsame Basteln, mit einem Lied eingestimmt werden.

Kapitän Blubber-Brausebart nimmt die Kinder nun mit auf sein Schiff, auf seine hölzerne Wurzel, und dann geht es über den See. – Der Kapitän fährt am liebsten bei kräftigem Gesang hinaus. Er hat gerne fröhliche Kinder an Bord, die mitsingen, und darum hat er ihnen auch sein Lieblingslied mitgebracht. Bei diesem muss man Acht geben, dass man nicht aus Versehen zu viel singt. Kinder, die gut aufpassen können, die nimmt er umsonst mit, die anderen müssen ihm ein Pfand abgeben.

Jetzt fahrn wir übern See

1. Jetzt fahr'n wir übern See, übern See, jetzt fahr'n wir übern See mit einer hölzern Wurzel, Wurzel, Wurzel, Wurzel, mit einer hölzern Wurzel kein Ruder war nicht dran.

2. Und als wir drüber – war'n,
da sangen alle Vöglein,
der helle Tag brach an.

3. Der Jäger blies ins – Horn,
Da bliesen alle Jäger,
ein jeder in sein Horn.

4. Das Liedlein das ist – aus,
Und wer das Lied nicht singen kann,
der fängt von vorne an.

Bei diesem Lied wird das Zeilenschlusswort erst beim zweiten Mal gesungen. Wer es aus Versehen schon beim ersten Mal singt, gibt ein Pfand ab. Bevor es losgeht mit dem Pfändereinsammeln, wird das Lied zuerst mehrmals miteinander gesungen, bis alle den Text können. – Die Pfänder können vor dem Basteln eingelöst werden.

Ein Angelspiel basteln

In dem See, so hat es Kapitän Blubber-Brausebart erzählt, gibt es ganz viele Fische: lange, dünne, dicke, kugelrunde und außerdem ist da noch einiges darin, was so als Abfall hineingeworfen wird, wenn die Leute über den See fahren. Einige Dinge werden nun gemeinsam gebastelt: die Angelrute, der Teich und verschiedene Gegenstände zum Herausfischen. Das Angelgut wird vom Erwachsenen aus Karton ausgeschnitten und von den Kindern bunt bemalt. Neben Fischen kann das auch allerlei Strandgut sein: kuriose Gegenstände wie z. B. ein alter Schuh, ein Kochtopf, eine Flasche, eine Mütze etc.
Die einzelnen Gebilde sollten nicht viel länger oder breiter als eine Streichholzschachtel sein, damit sie nicht zu schwer zum Angeln sind. Die Fische und das Strandgut werden von beiden Seiten bemalt, zuletzt steckt man an jedes Teil eine Büroklammer. Jedes Kind bereitet jeweils ein oder zwei Stücke Strandgut, wie Stiefel, alter Topf, etc., mehrere Fische und eine Angel vor.

Für jede Angel braucht man einen Holzstab sowie eine ca. 50 cm lange Schnur und zwei Magnetringe. Die Schnur wird an einem Ende mit dem Holzstab verknüpft, an dem anderen Ende werden je zwei Magnetringe festgeknotet.

Holzstäbe für die Angel gibt es in Bastel- oder Schreibwarengeschäften. Es lassen sich dafür ebensogut kleine Holzstecken verwenden, die man vom Spaziergang mitbringen kann. Magnetringe sind

z. B. in Spielzeuggeschäften erhältlich. Sie werden dort als Ersatzteile für kleine Holzeisenbahnen verkauft.

Für den See braucht man ein Gefäß mit Vertiefung, z.B. einen Papierkorb. Dieser wird mit einem großen blauen Spieltuch oder einigen Bögen blauen Seidenpapiers verkleidet, indem man es in die Korböffnung drückt und überhängenden Stoff, bzw. Papier so außenherum legt, dass der «See» ganz blau eingehüllt ist.

Wenn dann alles fertig ist, wird der «See» zum Angeln möglichst hoch gestellt, damit die Kinder nicht hineingucken können. Wenn kein Tisch mehr frei ist, um den herum man sitzen und angeln könnte, stellt man den See z. B. auf eine Leiter und angelt im Stehen.

Spielregeln für das Angelspiel:

Die Fischer wollen viele gute Fische mit nach Hause bringen, denn heute soll es ein großes Fischerfest geben.

Bevor es losgeht mit dem Angeln, werden die Spielregeln festgelegt: Geangelt wird mit nur einer Angelrute. Diese wird der Reihe nach weitergegeben. Wer keinen Fisch herauszieht, sondern z.B. eine Flasche, einen Schuh, eine Blechbüchse etc., bekommt eine besondere Aufgabe, z.B. muss er ganz schnell sagen:

«Fischers Fritze fischte frische Fische.»

Gelingt ihm das ohne Fehler, darf er das Strandgut wieder hineinwerfen, sonst behält er es. Geangelt wird, bis der See leer gefischt ist. Nun legen die Fischer ihre Beute zusammen. Oh, da ist nun vieles dabei, was man gar nicht bei dem Festessen heute Abend auftischen kann – oder wer will denn schon einen alten Schuh oder eine rostige Blechbüchse essen?

Aber diese seltsamen Dinge müssen ja nicht gleich wieder achtlos weggeworfen werden. Man möchte doch wenigstens wissen, was es mit den Dingen auf sich hat: So können die Kinder zum Schluss, zusammen mit Kapitän Blubber-Brausebart, noch ein «Seemannsgarn» spinnen.

Seemannsgarn

Seemannsgarn, das sind so allerlei merkwürdige Geschichten, die sich Seefahrer und Fischer erzählen. Wenn gemeinsam Seemannsgarn gesponnen wird, braucht sich niemand vorzubereiten. Die Geschichte entsteht aus dem Stegreif. Keiner weiß, wie sie anfängt und wie sie ausgeht, das wird sich aus dem Strandgut ergeben, das herausgezogen wurde.

Die Kinder setzen sich mit dem Kapitän in die Runde und verteilen unter sich das «Strandgut», so dass jeder eines oder zwei Teile bekommt. Diese verbirgt er unter seinen Handflächen. Kapitän Blubber-Brausebart hat eine Rolle Garn dabei. Er selbst hat vielleicht einen alten Topf geangelt – diesen verwebt er nun in den Anfang seiner Geschichte, etwa so:

Er erzählt z.B. von einem Schiff, das auf großer Fahrt war. Dort gab es einen Koch, der wollte Nudeln kochen, und dazu brauchte er Wasser. Weil nun auf dem Schiff das Trinkwasser ausgegangen war, wollte der Koch Wasser aus dem See schöpfen. Er band also den Topf an einer Schnur fest und ließ ihn herab. Als er ihn wieder herausziehen wollte, war er so schwer, dass die Schnur abriss. Der Topf fiel tief hinunter in den See. Da lag er nun schon viele Jahre und rostete langsam vor sich hin. – Ein neues Wort soll nun eingeflochten werden. Der Kapitän hält ein Fadenende fest und rollt die Garnrolle herüber zu Christine. Ein alter Schuh kommt zum Vorschein, als sie ihre Hand aufdeckt. Christine darf die Geschichte nun weitererzählen. – Wenn sie es lieber hat, dass Blubber-Brausebart mit der Geschichte fortfährt und berichtet, was es mit dem alten Schuh auf sich hatte, dann rollt sie das Seemannsgarn einfach zu ihm zurück usf. Erzählt wird, bis alles Strandgut in eine lange Seemannsgarngeschichte verwoben ist.

Es gibt natürlich unendlich viele Möglichkeiten, die Bastelarbeiten, die es bei einem Fest geben soll, phantasiereich einzuführen. Dies kann z. B. auch mit einer Geschichte oder mit einem kleinen Kasperltheater geschehen.

Geburtstag der Prinzessin

Die Prinzessin hat bald Geburtstag. Sie findet es unerhört langweilig, nur mit den vornehmen Edelleuten vom Hof zu feiern. Sie hat sich eingebildet, dass ihr Geburtstag diesmal ganz anders sein soll als sonst, und so hat sie Kinder aus der nächsten Stadt dazu eingeladen. Der König ist mit dieser Idee überhaupt nicht einverstanden. Er schüttelt den Kopf und sagt: «Was willst du denn die ganze Zeit über mit den Kindern machen?»

«Oh, das ist wahr!», ruft die Prinzessin. «Was fangen wir nur den Nachmittag über an, wenn die Kinder da sind?» Auf der Stelle lässt sie ihre Hofdamen und Diener

herbeirufen, um sich mit ihnen zu beraten. – «Ja, ja», sagen sie, «wir machen das schon. Wir decken eine Festtafel und servieren feine Speisen und Getränke – so wie immer.» – «So wie immer, so wie immer!», ruft die kleine Prinzessin, und sie wird auf einmal ganz zornig. Hui, hui, hui, wer hätte das gedacht: Sie stampft mit dem Fuß auf und ruft: «Hinaus mit euch, ihr phantasielosen Geschöpfe! Ich habe doch Kinder eingeladen, da können wir doch nicht nur essen und trinken, das ist doch langweilig!»

Und wie sie da so steht und bebt vor Ärger, da bimmelt auf einmal ein feines Schellenglöckchen. Eine vergnügte Stimme ruft zu ihr herüber: «Einen schönen guten Morgen, liebe Prinzessin, warum so traurig?» Die Prinzessin schaut auf, und sie entdeckt den Kasperl, der da ganz verschmitzt hinter dem Vorhang hervorschaut. Sie erzählt ihm von ihrem Kummer. Der Kasperl, der ja nun wahrlich viel herumkommt und der auch oft bei den Kindern in der Stadt hereinschaut, hat eine Idee. Jetzt flüstert er der Prinzessin etwas ins Ohr. Da ist sie auf einmal ganz vergnügt: «Juhu, ja, das ist es, lieber Kasperl, mein Fest ist gerettet! – Nur geschwind, lauf zu und hole alles, was wir dafür brauchen!» «Ja, gewiss doch, liebe Prinzessin! Ich bin schon unterwegs. – Adieu!» – «Halt, Kasperl, warte, du sollst auch gleich alles bezahlen. Nimm hier mein rosa Geldtäschchen, aber verwahre es gut, dass du es nicht verlierst – und hier schau! – Hier hast du noch eine Wurst – damit du dich zwischendurch stärken kannst!»

Der Kasperl riecht an der köstlichen Wurst und freut sich. Dann schiebt er sie, zusammen mit dem Geldtäschchen in seinen Rucksack und macht sich auf in die nächste Stadt, um einzukaufen. Der Weg dorthin führt durch den Wald. Der Kasperl singt und pfeift und hüpft vergnügt voran.

Im Wald sind die Räuber. Sie halten still und warten, bis der Kasperl ganz nah ist. Da springen sie aus dem Gebüsch und ziehen ihm den Rucksack mitsamt der Wurst und dem Geldsäckchen herunter und laufen davon. Der Kasperl ruft um Hilfe. Es nützt nichts, die Räuber sind auf und davon. «Oh, meine schöne Wurst», jammert der Kasperl, «ach und das Geldtäschchen ist auch weg! Was soll ich denn jetzt der Prinzessin sagen?»

Die Räuber sind bald müde vom vielen Laufen. Sie setzen sich in ein dichtes Gebüsch, so dass sie niemand sehen kann. Sie wollen nur ein klein wenig verschnaufen. Sie machen sich daran, den Rucksack aufzuschnüren, denn sie möchten doch gar zu gerne wissen, was darinnen ist. Der Rucksack ist gut zugebunden. «Verflixte Knoten!», rufen die Räuber. Sie ziehen und zerren nun schon eine Weile an der Schnur, und sie bemerken gar nicht, wie sich schnell und leise des Försters Hund nähert. Der hat nämlich schon von weitem die

gute Wurst gerochen, und ehe es sich die Räuber versehen, schnappt er ihnen den Rucksack mitsamt der Wurst und dem Geldtäschchen weg.

Über kurz oder lang kommt der Kasperl dann doch wieder zu seinem Rucksack, Försters Hund kriegt die Wurst und nun, da das Geldtäschchen wieder da ist, kann der Kasperl alles einkaufen, was die Prinzessin für ihr Fest braucht. Der Kasperl kommt schwer beladen zurück. Es hat gar nicht alles in den Rucksack hineingepasst, darum hat er noch eine Tasche dabei.

Jetzt dürfen die Kinder selbst einmal schauen, was es da alles gibt, denn die Gäste, die zu Prinzessins Fest geladen sind, die sitzen heute alle hier. Sie dürfen gleich etwas besonderes miteinander tun, denn wisst ihr, was die Prinzessin mit dem Kasperl ausgemacht hat? Sie haben verabredet, dass es heute ein Bastelfest geben soll, und der Kasperl hat alles mitgebracht, was dazu gebraucht wird.

Der Kasperl hat in seinem Rucksäckchen und in einem weiteren Sack alles dabei, was zur Herstellung eines Bastelspieles gebraucht wird. Es können z. B. Flugenten miteinander gebastelt werden.

Je nachdem, wie viel Zeit man für das Basteln vorsehen will, kann jedes Kind eine oder

256

Flugenten

  Die Flugenten sind sehr leicht zu fertigen. Mit Hilfe eines einfachen Mechanismus können sie ziemlich weit fliegen. Eine Schablone für die Entenform kann schon vor dem Fest vorbereitet werden.

Material:
- Tonpapier oder Karton DIN A4
- farbige Wachskreiden
- Haushaltsgummi
- Klebefilm
- Stock

Je Ente einen DIN-A4-Bogen Papier auf halbes Format knicken und von der Längsseite wie auch von der Schmalseite des doppelt gelegten Papiers je einen 3 cm breiten Streifen abschneiden. Mit einem Bleistift die Entenform auftragen und ausschneiden (1).

Den längeren der beiden zuvor abgeschnittenen Papierstreifen (3/21 cm) an einem Ende 2 – 3 cm umknicken, in den Knick einen Haushaltsgummi einlegen und zukleben (2).

Die Ente aufklappen, jeweils 1,5 cm von der Bruchkante entfernt zwei Linien auftragen (3), den vorbereiteten Papierstreifen zwischen diese Linien kleben (4). Die Knickkante mit dem Haushaltsgummi sicherheitshalber noch einmal mit einem breiteren Klebefilmstreifen überkleben. Zum Schluss werden die beiden Ententeile nach oben geknickt und innen an den Kopfteilen zusammengeklebt. Damit es nachher keine Verwechslungen gibt, kann jedes Kind auf die Unterseite der Ente seinen Namen schreiben.

mehrere Enten basteln. Fliegen lässt man sie allerdings erst draußen, denn wenn man den Gummi genug spannt, können sie ziemlich weit sausen. Die Stöcke, die man dazu braucht, sucht man sich im Freien. Wenn dies jedoch nicht möglich ist, besorgt man z.B. im Bastelgeschäft Bambus- oder Holzstangen. Die Stöcke oder Stangen sollen etwa 1 m lang sein. Damit der Gummi nicht abrutscht, kerbt man sie am vorderen Ende ein wenig ein.

Zum Spielen im Freien empfiehlt es sich, noch Klebefilm und auch einige Haushaltsgummis als Ersatz mitzunehmen.

Flugentenspiel

Die Ente kann fliegen, wenn man sie über den Stock zieht und den Gummi vorne am Stock einklemmt. Nun zieht man an dem Streifen am Ende, dass der Gummi gespannt wird. Sobald man loslässt, saust der Vogel davon.

Zunächst können mit den Enten erst einmal einige Übungsflüge veranstaltet werden. Die Kinder werden herausfinden, wie die Ente am besten fliegt. Die einen meinen, am besten ist es, wenn man selbst in die Hocke geht und den Stab möglichst gerade hält, andere haben vielleicht herausgefunden, dass die Enten am weitesten fliegen, wenn man sie auf diese oder jene Weise loslässt.

Spielregeln:
Nun kann man sich verschiedene Spielregeln überlegen: z.B. der Vogel soll über eine bestimmte Ziellinie fliegen, er soll auf einem «Teich» landen, (z.B. eine Fläche, die mit Naturmaterialien abgegrenzt ist) etc.

Der Erwachsene kann sich darauf einrichten, dass die Kinder nicht den ganzen Nachmittag Ausdauer für dieses Spiel haben werden. Die Enten, die von der Fliegerei ganz erschöpft sind, dürfen sich ausruhen, und die Gesellschaft kann sich anderen Spielen zuwenden. So wird es sinnvoll sein, wenn der Gastgeber nun noch andere Spiele kennt und einen für den Festtag passenden Abschluss vorbereitet.

Seifenblasen

Seifenblasenspiele sind bei Kindern immer beliebt. Das Seifenblasen ist allerdings für die Wohnung ungeeignet, denn überall dort, wo die Kugeln landen, entstehen nasse Flecken. Es empfiehlt sich also, bei einem Bastelnachmittag für jedes Kind ein leeres, sauberes Schraubglas vorzubereiten, in dem es sich eine eigene Seifenblasenlösung mischen kann. So kann die angerührte Lösung gut mit hinaus ins Freie genommen werden. Hier kann nun nach Herzenslust gepustet werden: kleinere, größere und riesengroße buntschillernde Blasen, je nachdem, welche Blasgeräte benutzt werden. Mit einem gewöhnlichen Trinkhalm oder besser noch mit einem echten Strohhalm lassen sich aus der nachfolgend angegebenen Mischung schöne Kugeln in die Luft blasen.

Seifenblasenlösung:

1/8 l Wasser
1/2 Teel. Puderzucker
1/2 Teel. Glyzerin
1 Teel. Spülmittel

Aus der oben angegebenen Mischung können riesige Blasen, so groß wie Luftballons, entstehen, wenn man Strohhalme an den Enden um ca. eine Daumenbreite kreuzweise aufschlitzt und die Enden auseinanderbiegt.

Nachdem sich die Kinder zunächst im Blasen geübt haben, können sie nun alle gemeinsam verschiedene Kunststücke ausprobieren:

Seifenblasen-Kunststücke

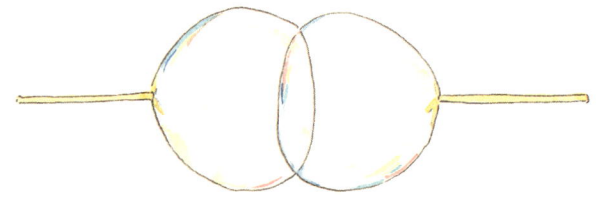

- Die Seifenblase über eine markierte Ziellinie blasen.
- Eine Seifenblase auf einem Gegenstand, z.B. auf einem großen Baumblatt, landen lassen.
- Eine große Seifenblase z.B. auf einem Teller ablegen – dies ist möglich, wenn der Teller angefeuchtet ist.
- Wem gelingt die größte Seifenblase?
- oder eine Doppelblase?
- Welche Kugel fliegt am weitesten,
- am höchsten?
- Wessen Blase hält sich am längsten in der Luft?
- Zwei Spieler versuchen, ein Seifenblasenpaar zu blasen.
- Zwei Gruppen von Spielern machen einen Staffellauf und blasen dabei Seifenblasen.

Riesenseifenblasen

Eine Variante zu diesen klassischen Seifenblasen sind Riesenseifenblasen, die durch Blasringe geblasen werden.

Für Riesenseifenblasen braucht man eine spezielle Lösung. Riesenseifenblasen hinterlassen dort, wo sie platzen, größere nasse Flecken. Es empfiehlt sich daher unbedingt, die Seifenblasenlösung in einen gut verschraubten Behälter zu füllen und diese sowie auch die Blasstangen mit hinaus ins Freie zu nehmen und draußen zu blasen.

Lösung für Riesenseifenblasen:

1 l warmes Wasser
4 El. geriebene Kernseife
2 Teel. Zucker
2 El. Glyzerin

Die Lösung wird schon vorbereitet, bevor die Kinder kommen, damit sie auskühlen kann. Wenn sie kalt ist, werden die Blasen erst richtig schön.

Die Seifenblasenlösung wird z.B. in einer Flasche mit nach draußen genommen und im Freien in flache Schalen, z. B. Blumentopfuntersetzer gegossen.
Die Blasringe für Riesenseifenblasen kann man zusammen mit den Kindern herstellen.

Material:
– Holz- oder Bambusstab
– Blumendraht
– Topflappengarn oder Wollgarn

Blasringe können in verschiedenen Größen geformt werden. Sie lassen sich schön rund biegen, wenn man sie fest um ein zylinderförmiges Gefäß (Trinkglas, Flasche etc.) zieht. Die Drahtenden werden ein paarmal miteinander verdreht und schließlich mit einem Holzstab verbunden. Zum Schluss wird die Drahtschlinge mit Garn umwickelt: Je nach Größe des Blasringes schneidet man ein 20 – 50 cm langes Stück Garn ab, knotet dieses am Holzstab fest, wickelt es möglichst gleichmäßig um den Drahtkreis und knotet das Ende ebenfalls fest.

Die Blasringe vollständig in die Seifenlauge tauchen und hineinblasen oder die Blasringe langsam durch die Luft ziehen.

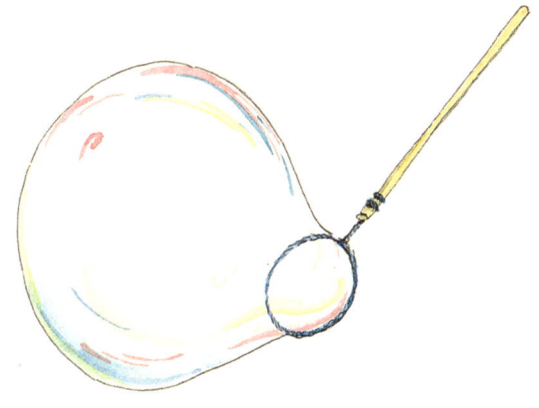
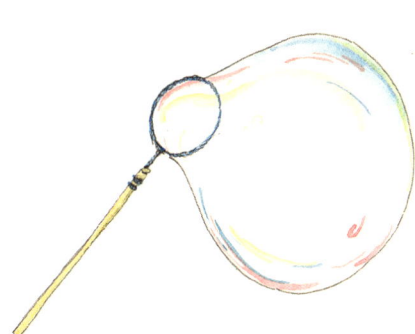

Frösche-Spiel

Für das Fröschespiel werden Frösche und Seerosen aus Papier gefertigt. Dazu baut man dann aus Tüchern und einigem Naturmaterial eine Spiellandschaft (s. Seite 265) auf. Das Spiel kann bildreich eingeführt werden mit einer einfachen, selbst erfundenen Geschichte und – oder – auch mit einem Lied, das zum Thema passt.

Heut ist ein Fest bei den Fröschen

Kanon zu 3 Stimmen *Überliefert*

Heut ist ein Fest bei den Frö-schen am See, Ball und Kon-zert und ein gro-ßes Di-ner. Quak, quak, quak, quak.

Beim Fröschespiel versuchen die Spieler nacheinander, einen der Frösche vom Rand des Teiches (s. Seite 265) auf eine Seerosenblüte springen zu lassen. Für einen Frosch, der nur das grüne Blatt daneben erreicht oder der gar ins Wasser fällt, können verschiedene Spielregeln gelten, die man miteinander vereinbaren kann.

Frösche:
Je Frosch ein Blatt grünes Tonpapier im Format 7/14 cm zuschneiden und gemäß Abbildung falten.

Ein Frosch kann hüpfen, wenn man mit der Fingerspitze kurz und kräftig auf sein Hinterteil drückt.

1

2

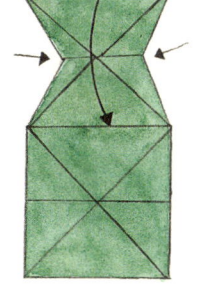
3

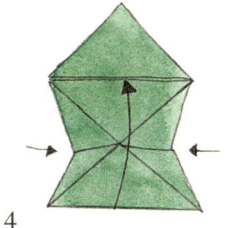
4

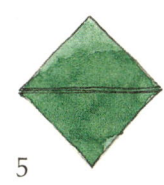
5

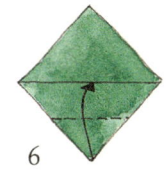
6
wenden

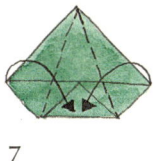
7

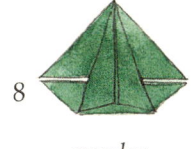
8
wenden

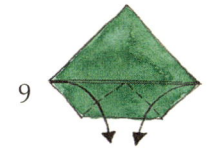
9

10

11

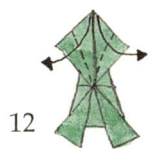
12

13
knicken und wenden

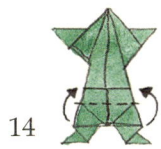
14

Die Frösche können am besten abspringen, wenn sie auf einer harten, leicht erhöhten Unterlage sitzen. So schiebt man nun, sobald die Spiellandschaft aufgebaut ist, einige Holzscheiben oder Küchenbrettchen an das Ufer und streicht den Stoff darüber glatt. Zum Schluss werden die Frösche an den Teichrand gesetzt und die Seerosen jeweils mit zwei Blättern auf dem Wasser verteilt.

Seerosenblüten:
Je Seerose zwei Blätter weißes Schreibmaschinenpapier gemäß Abb. 1 und 2 falten. Auf jedes Papier ein spitz zulaufendes Blütenblatt aufzeichnen (3), ausschneiden und auffalten. Die beiden Blütenkreise leicht versetzt aufeinander legen, in der Mitte mit etwas Klebstoff fixieren und die Blütenblätter leicht nach oben knicken. Zum Schluss den Blütenkelch gelb bemalen.

1

2
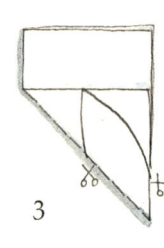
3

Seerosenblätter:
Je Seerosenblatt ein grünes Tonpapier (DIN A4) auf halbes Format knicken, zwei möglichst große ovale Blattformen aufzeichnen und ausschneiden. Jedes Blatt ca. 7 cm tief einschneiden und an der Einschnittstelle leicht übereinander kleben.

Landschaft für das Fröschespiel:
Verschiedene Naturmaterialien, einfarbige Spieltücher sowie auch einige Holzscheiben oder Küchenbrettchen zum Abspringen für die Frösche (s. Seite 264 oben) sind vorbereitet. Auf einem großen Tisch oder auf dem Boden wird eine Spiellandschaft mit einem Froschteich gestaltet: 1 – 2 blaue Tücher für den Teich, vielleicht einige grün-, gelb- oder braunfarbene Tücher als Landschaft ringsum, Steine, Muscheln, evtl. auch Grünpflanzen. Spielanleitung s. Seite 263 oben.

Drachen

Drachen basteln und steigen lassen ist längst nicht mehr eine Sache, die nur dem Herbst vorbehalten ist. Vor allem in den Parks der Städte werden zu allen Jahreszeiten bunte Drachen in die Luft geschickt. Ist also für ein Bastelfest vorgesehen, Drachen anzufertigen, so werden Kinder etwa ab 9 Jahren sicher mit Vergnügen dabei sein, wenn ihnen ein Erwachsener zeigt, wie sich diese ohne allzu großen Aufwand selbst herstellen lassen.

Die Krönung des Nachmittags ist es natürlich, mit der ganzen Festgesellschaft hinauszugehen und zu erproben, wie die Drachen steigen. Damit dafür nach dem Basteln noch genügend Zeit bleibt, empfiehlt es sich, eine Schablone für die Drachen vorzubereiten oder für jedes Kind schon vor dem Fest eine Drachenform zuzuschneiden.

Die beiden hier vorgestellten Drachen lassen sich aus herkömmlichem Drachenpapier fertigen. Sie können auch – was bei Kindern besonders beliebt ist – aus einem neuartigen silbrig glänzenden Material, der so genannten Rettungsfolie hergestellt werden. Diese silberblanke dünne Plastikfolie ist in jeder Apotheke erhältlich. Sie ist leicht zu verarbeiten, und sie lässt sich mit angerührter Farbe bemalen.

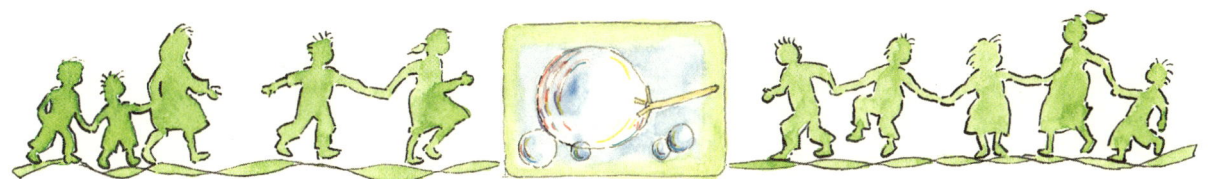

Schlittendrachen

Der Schlittendrachen ist ein Leichtwinddrachen, der auch bei schwachem Wind gut fliegt. Er wurde 1950 von William M. Allison (USA) erfunden. Die Folienbespannung für diesen Drachen kann aus verschiedenen Materialien bestehen, die alle sehr gute Flugeigenschaften haben: Transparentpapier, Schnittmusterpapier oder Rettungsfolie.
    Ein besonderer Vorteil dieses Drachens: Er lässt sich leicht zusammenrollen und transportieren.

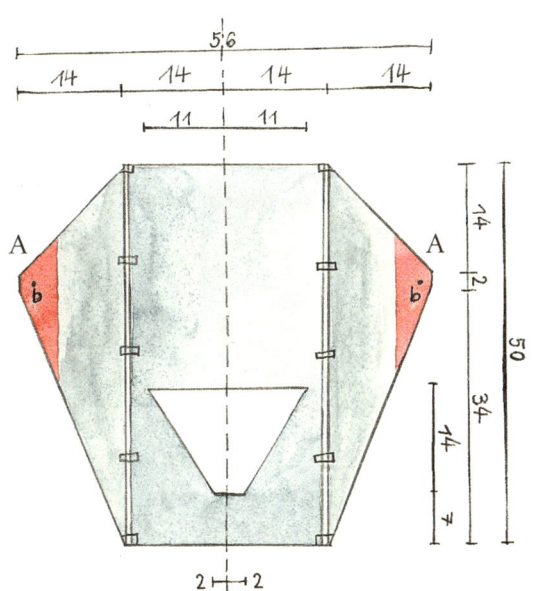

Material:
- Drachenpapier oder Rettungsfolie oder Schnittmusterpapier
- 1 Dübelstange 1 m lang, Ø 4 mm
- Klebefilm
- Drachenschnur

Für den Schlittendrachen bereitet der Erwachsene, noch bevor die Kinder da sind, eine Schablone aus Karton oder Zeitungspapier vor.
Diese Schablone dient jedem Kind dazu, den Umriss des Drachens und die Mundöffnung auf das Papier aufzuzeichnen.

Der Drachen wird entsprechend ausgeschnitten und ringsherum an allen Schnittkanten möglichst bündig mit Klebefilm beklebt. Dies ist notwendig für die Flugstabilität, und es verhindert, dass das Papier einreißt. An den beiden Außenseiten A und A, an denen man die Schnur für die Waage durchzieht, wird der Drachen mit einigen Streifen Klebefilm beidseitig verstärkt (s. Abb.).

Anschließend werden die Dübelstangen auf die erforderlichen Maße gekürzt (2 x 50 cm und 2 x 3 – 4 cm). Die beiden langen Dübelstangen werden an den bezeichneten Stellen (s. Abb.) mit Klebefilm befestigt. Danach wird die sog. Waage angebracht:

Waage

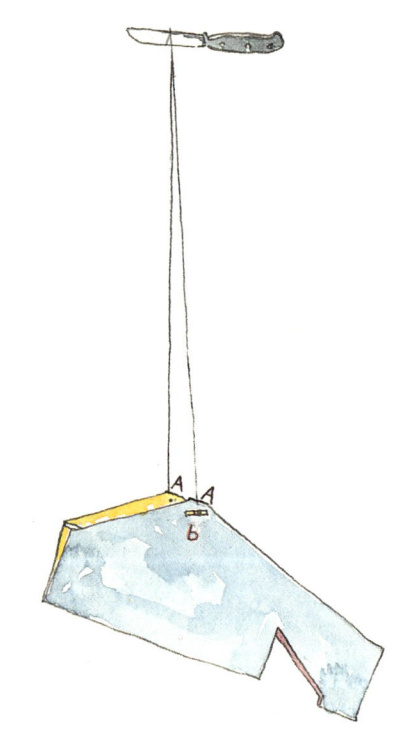

Von der Drachenschnur ca. 2 m abschneiden. Die beiden Enden dieser Waageschnur von der Rückseite durch die mit b bezeichneten Punkte nach vorne zur bemalten Seite durchziehen, hier jeweils eines der 3 – 4 cm langen Dübelhölzchen festknoten und mit etwas Klebestoff fixieren.

Den Mittelpunkt der Waage z. B. mit Hilfe eines Messerrückens ermitteln und eine kleine Schlaufe hineinknoten.

Die Schlaufe dient zum Einhängen der Steigschnur (siehe Seite 270). Die Steigschnur, an deren Ende ein ca. 4 – 5 cm langes Dübelholz festgeknotet ist, wird jeweils kurz vor dem Fliegen eingehängt, so kann sie immer glatt aufgerollt werden und verwirrt sich nie.

Zum Schluss wird der Drachen verziert. Ein Drachen aus farbigem Transparentpapier kann bunt beklebt werden. Ein Drachen aus Rettungsfolie oder aus Schnittmusterpapier lässt sich mit wasserlöslichen Farben bemalen.

Kopffüßler-Drachen

Kopffüßler-Drachen kann man, außer bei Nässe, fast immer steigen lassen. Je nachdem, wie viel Wind herrscht, muss man mehr oder weniger laufen, um ihn in der Luft zu halten.

Material:
- Glasfaserstab, l = 1 m
- Rettungsfolie oder Tyvek
- 2 Dübelstangen, Ø 4 mm, l = 39 cm
- Drachenschnur
- Alleskleber

Glasfaserstäbe sowie auch Tyvek gibt es in Bastel- bzw. Modellbaugeschäften.

Je Drachen von der gewählten Folie ein Rechteck (45/150 cm) zuschneiden. Die Maße für den Drachenschwanz anzeichnen (40/108 cm) und zurechtschneiden. Je eine Dübelstange auf die Linie x – x und y – y legen und beide mit einigen Streifen Klebefilm befestigen.
   Den Glasfaserstab hufeisenförmig um die beiden Dübelstangen legen und an den Enden ebenfalls mit Klebestreifen fixieren.
   Rings um den gebogenen Glasfaserstab mit 2,5 cm Abstand eine Linie anzeichnen, abschneiden und mit mehreren Einschnitten versehen. Die Einschnitte umknicken

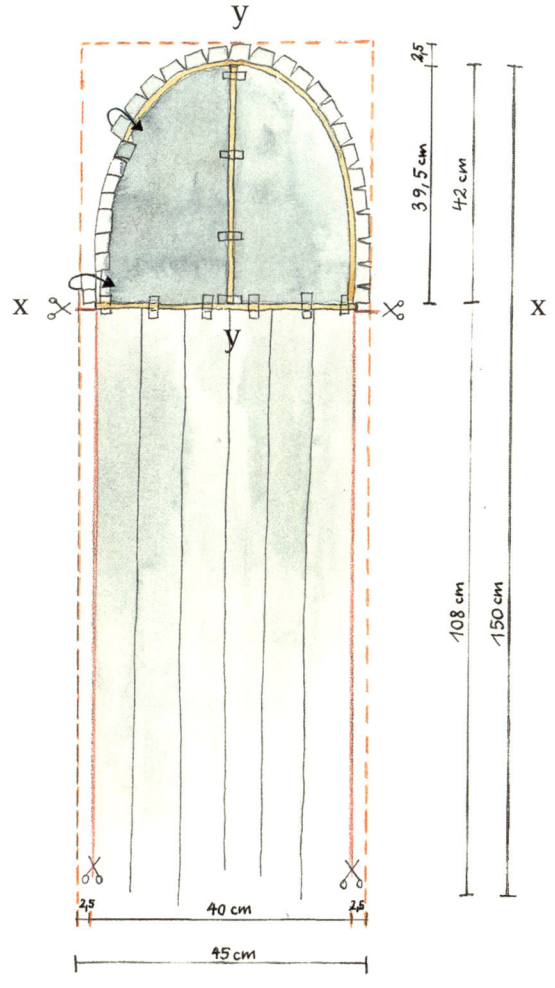

und mit Alleskleber (bei Tyvek) oder mit Klebefilm (bei Rettungsfolie) festkleben. In den Drachenschwanz sechs gleich breite Streifen schneiden und den Drachen auf der Vorderseite nach Belieben bemalen.

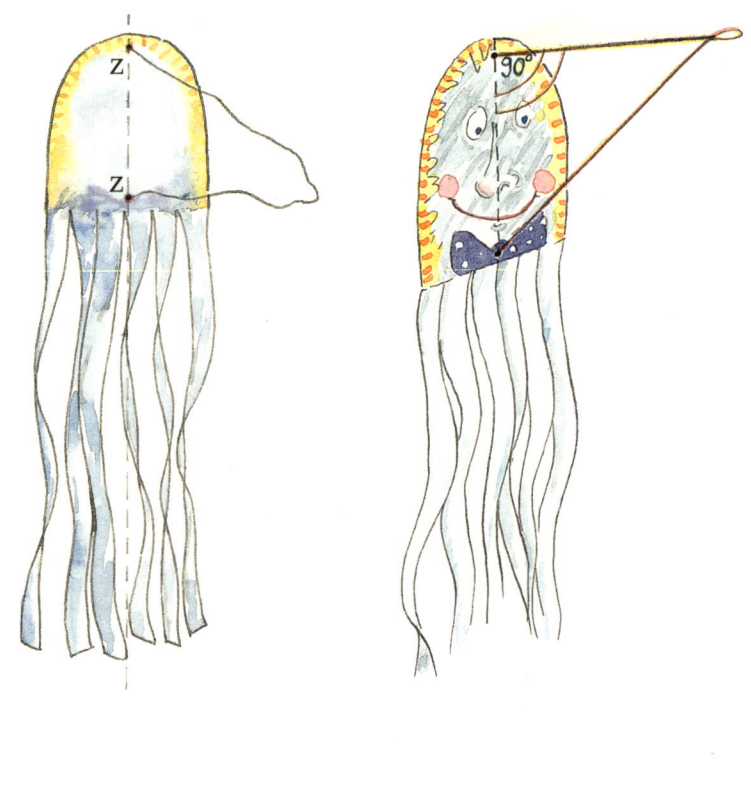

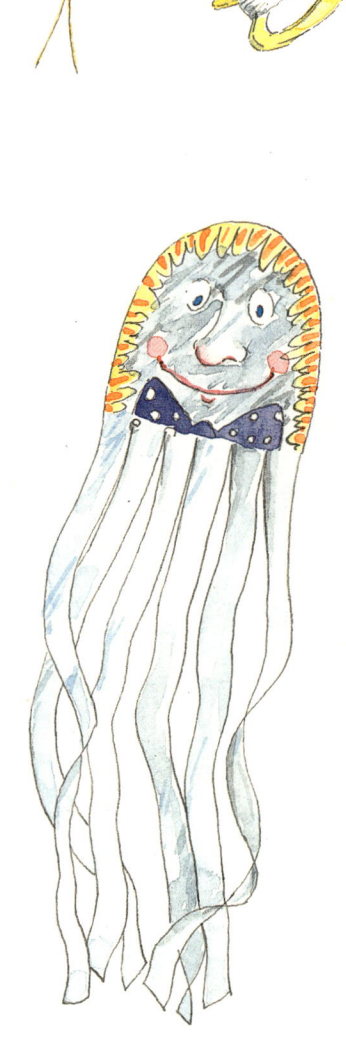

Waage

Die Waage wird auf der Vorderseite des Drachens angebracht. Man schneidet dafür 1 m Drachenschnur ab, fädelt sie in eine größere Nähnadel und näht die Schnur von der Vorderseite an den bezeichneten Punkten z/z 2 – 3-mal um die hinter der Folie liegende Dübelstange, verknotet sie und fixiert sie mit etwas Alleskleber.

Nun wird der Drachen senkrecht nach unten gehalten und die Schnur so zur Seite gezogen, bis ein Winkel von 90 Grad (siehe Abb.) entsteht. Anschließend wird in den Knickpunkt K eine kleine Schlaufe hineingeknüpft. In diese lässt sich dann die Steigschnur hängen.

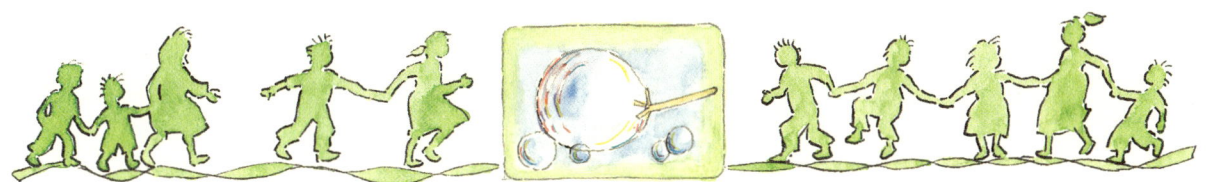

Jedes Fest hat ein Ende,
alle gehen nach Haus,
und sie ziehen miteinander
zum Tor dann hinaus.

Anhang

Auflösungen zu Ratespielen, Scherzfragen, Rätseln und Zaubertricks

Wer weiß, was das ist? – S. 138

Stiefeltern
Schnürsenkel
Leise kräht der Hahn
Kuh fort ist, Stall leer ist
Tonziegel
Die Kuh rennt um See rum

Blumentopferde
Sieh, wie näht sie
Er aß Mus, Supp aß sie
Tiefebene
Hemdärmel
Die Kuh rennt das Vieh um.

Scherzfragen – S. 139

Schläfst du?
Weder noch: Er ruft Kuckuck
Er weiß es auswendig.
Ein Elefant kann Flöhe haben, aber ein Floh kann keine Elefanten haben.

Winter
Weder noch: Man nimmt einen Schneebesen dafür.
Weil er hinten keine Augen hat.
Im Freien

Scherzfragen – S. 140

Zwei Pelze
Sieben
Nur einmal
Heu wird nicht gemäht.

Briefträger
Er stieg hinauf und setzte sich.
Einen Heuhaufen
Einen Ziegenbock kann man nicht melken.

Märchen raten – S. 165

Aschenputtel
Der Wolf und die sieben Geißlein
Froschkönig
Tischlein deck dich

Der süße Brei
Schneewittchen
Rumpelstilzchen
Frau Holle

Wie soll das gehen? – S. 166

Der Spieler braucht nur über seine Schuhe zu springen.

Rätsel – S. 167

Streichholz
Nein, das ist die Mutter.
Zwiebel
Pilz
Anker
Hose
Schatten

Licht
Ein Fluss auf der Landkarte
Ein Buch
Sechsköpfig
Ein Loch
Der Krebs

Rätsel – S. 168

Kater
Apfel
Kirsche
Der Fährmann fährt erst die Ziege herüber, dann holt er den Wolf und nimmt die Ziege mit zurück. Er lässt sie am Ufer und fährt den Kohlkopf hinüber. Dann holt er als letztes die Ziege.

Zimmer-mann
Spiegel
Mensch (Kind, Erwachsener, alter Mensch mit Stock)
Mensch, Hocker, Knochen, Hund
Spiegel-ei

Rätsel-Pantomime – S. 175

Turngerät	Glühbirne
Aufschneider	Konzertflügel
Purzelbaum	Handschuh
Kindergarten	Wasserhahn
Fingerhut	Trompeter

Zaubertricks – S. 208 – S. 212

Zauberzettel:
Dem anderen wird es niemals gelingen den Zettel zu fangen, das Gehirn kann der Hand nicht schnell genug den Befehl zum Greifen vermitteln. Dass der Zauberer den Zettel fängt, liegt daran, dass er die Greifbewegung schon macht, bevor er drei sagt.

Kann Eisen schwimmen?
Die Nadel auf ein Stückchen Seidenpapier legen und beides vorsichtig auf die Wasserfläche legen. – Das Papier saugt sich nach einiger Zeit voll Wasser und geht unter. Die Nadel bleibt oben.

Hartes Ei – weiches Ei?
Ein hart gekochtes Ei «eiert» flink um sich selbst, wenn man es anschubst, ein rohes Ei dagegen bleibt nach ein bis zwei Umdrehungen liegen.

Salz und Pfeffer:
Die Rundung eines Plastiklöffels gut an einen Wollgegenstand (z. B. Pullover) reiben. Wenn man den Löffel nun über den Pfeffer hält, springt er hoch und bleibt am Löffel haften.

Wer kann das?
Auf dem Zaubertisch befindet sich u.a. auch ein leeres kleines Trink- oder Joghurtglas. Der Zauberer stopft das Tüchlein fest in das Glas und taucht dieses kopfüber ins Wasser. Nach wenigen Sekunden nimmt er das Glas mit dem Tuch wieder heraus. Es ist trocken geblieben, weil sich beim Eintauchen des Glases eine Luftblase gebildet hatte.

Ein Schlupfloch für Münzen:
Wenn der Briefbogen so geknickt wird, dass das kreisrunde Loch einen Halbkreis bildet, kann die Münze durch die Knickstelle fallen.

Wer hat kräftige Lungen?
Wenn das Tuch herunterfliegen soll, zieht der Zauberer die Schnur mit beiden Händen blitzschnell gerade.

Ein Knoten im Kopftuch:
Mit verschränkten Armen knoten

Glückspfennige:
Das brennende Teelicht wird in die Mitte des Tellers gestellt. Nun stülpt man das Trinkglas darüber. Durch den Unterdruck, der nun im Glas entsteht, wird das Wasser angesaugt und die Münzen liegen im Trockenen.

Hokus Pokus – verschwindibus:
Der Zaubergehilfe hat als letzter unter das Tuch gegriffen und den Ring heimlich weggenommen.

Geheime Botschaft:
Bei der Übergabe der eingesammelten Zettel hat der Gehilfe dem Zauberer das von ihm geschriebe-

ne Wort zugeraunt. Dieses nennt der Zauberer nun als Erstes. Beim Auffalten der Zettel sieht er dann immer ein weiteres aufgeschriebenes Wort. Dieses nennt er, wenn er «fühlt», was auf dem folgenden Papier steht usw.

Zum Schluss:
Jeder der versucht, einen Bogen Papier zu falten wird feststellen, dass dies mehr als siebenmal nicht möglich ist.

Zirkus – S. 229

Der Clown spricht in der b-Sprache. Nach jedem Vokal fügt er einfach ein b ein und hängt an das b den vorstehenden Vokal – veberstebeht ibihr?

Münchhausen im Regen – S. 240

Er bindet seine Kleider zu einem Bündel und schnallt sie unter das Pferd.

Anmerkungen

Feste planen und vorbereiten
1   M. Belmonte in «Geld spielt keine Rolle» von Astrid v. Friesen, Rowohlt, Reinbek

Geschenke
2   Paul Watzlawick, «Vom Schlechten des Guten», Piper Verlag, München
3   Adele Faber/Elaine Mazlich: in «Nun hör doch mal zu!», Knaur-Verlag, München

Quellenangaben

Wunschzettellied aus: *Die bunte Brücke*, Kerle Verlag
Die Regenprinzessin aus: *Das Traummännlein kommt*, Verlag Herder, Wien 1956

Literaturhinweise

Bücher mit weiteren Ideen für Feste aus dem Verlag Freies Geistesleben:
Christiane Kutik, *Das Puppenspielbuch*
Christiane Kutik, *Das Jahreszeitenbuch*
Walter Kraul: *Spielen mit Wasser und Luft; Spielen mit Feuer und Erde*

Register

Spiele 4–6 Jahre

Adam hatte sieben Söhne 161
Alle Vögel fliegen hoch 154
Angelspiel 250
Backfest 214 ff.
Bastelfest 247 ff.
Bauen wir ein Haus 103
Bi Babette 108
Brüderchen hilf! 185
Der Zauberer kommt 204 ff.
Eine lange Reihe 113
Elefantenfangen 185
Fingerhut 162
Flieg Vögelein 112
Flinkes Kissen 156
Fröhlich geht's den Weg entlang 177
Glöckchenball 192
Goldene Brücke 110
Hab mein liebes Schäflein verloren 114
Himmel oder Hölle 111
Hürdenspringen 195
Ich sehe was was du nicht siehst 103
Jetzt wolln wir 107
Kartoffellaufen 197
Klingelingeling die Bimmelbahn 106
Märchenerzählen 201
Mein rechter Platz ist leer 114
Puppengesellschaft 22
Puppenspiel 200
Regenfest 237 ff.

Regenwolke 157
Reise mit dem Flugzeug 149
Riesenschlange 180
Ringlein, Ringlein, du musst wandern 144
Ringwerfen 194
Sackhüpfen 196
Schattenspiele 23
Schiff in Not 154
Seifenblasen 259
Was könnte es sein? 103
Wer hat den Ball? 192
Wer klopft? 147
Wir wolln den Kranz winden 142
Wo ist die Bohne? 162
Wo klingelt's? 162
Ziehharmonika 134

Spiele 7–9 Jahre

Alle Vögel fliegen hoch 154
Auswiegen 136
Backfest 214 ff.
Bäumchen wechsel dich 183
Bastelfest 247 ff.
Bauen wir ein Haus? 103
Bello der Wachhund 144
Blauer Fingerhut 152
Bunte Blumen 113
Butterstampfer 102
Chinesisch essen 169
Darf ich? 184
Der Wassergeist 186

Der Zauberer kommt 204 ff.
Drachen 266 ff.
Dreibeinlauf 187
Du hast es – du hast nicht 146
Eine lange Reihe 113
Elektrisch 169
Familie Klein 157
Feuer, Wasser, Luft, Erde 155
Fischer, wie tief ist das Wasser? 186
Flinkes Kissen 156
Fröschespiel 262
Goldene Brücke 110
Himmel oder Hölle 111
Hürdenspringen 195
Ich sehe was, was du nicht siehst 103
Ich weiß ein Tier 163
Kartoffellaufen 187
Kofferpacken 149
Liederraten 162
Luftballonspiel 136
Machet auf das Tor 109
Madamchen fährt Eisenbahn 146
Märchen erzählen 201
Märchen raten 165
Mäuschen und Katze 181 f.
Mein rechter Platz ist leer 114
Päckchen verschicken 114
Ochs am Berg 183
Puppenspiel 200
Regenfest 237 ff.
Regenwolke 157
Reise mit dem Flugzeug 149

Riesenpaket 203
Riesenschlange 180
Ring fangen 194
Ring werfen 194
Ringlein, Ringlein, du musst wandern 144
Sackhüpfen 196
Schattenspiele 23
Schau uns an! 150
Scherzfragen 139 ff.
Schiff in Not 154
Schwarze Kunst 146
Seifenblasen 259 ff.
Seilschwingen 188
Staffellaufen 198
Stille Post 147
Tauziehen 189
Tausendfüßler 184
Teekesselchen 164
Tellerdrehen 154
Tierpantomimen 163
Verschiedene Tiere 156
Vöglein und Jäger 153
Warst du schon mal in Afrika? 155
Was ist anders? 150
Was könnte es sein? 103
Was liegt auf dem Tisch? 150
Was war es denn nur? 145
Wer ist der Dirigent? 145
Wir fahren nach Amerika 135
Wortscharaden 173
Wortspiele 137 ff.
Zapfenlauf 194
Ziehharmonika 134
Zirkusfest 219 ff.
Zwillingsfangen 186

Spiele 10–12 Jahre

Aber ich! 155
Auswiegen 136
Bastelfest 247 ff.
Blumenball 192
Burgball 193
Chinesisch essen 169
Darf ich? 184
Der Wassergeist 186
Der Zauberer kommt 204 ff.
Die Riesenschlange 180
Drachen 266 ff.
Dreibeinlauf 197
Du hast es – du hast es nicht 146
Elektrisch 169
Familie Klein 157
Feuer, Wasser, Luft, Erde 155
Fischer, wie tief ist das Wasser? 186
Flugenten 257 ff.
Gemeinsam geht's 112
Gut aufpassen! 166
Herr Richter was spricht er? 159
Herzlich willkommen 112
Hinterm Ofen steht er 114
Ich weiß ein Tier 163
Jägerball 193
Kettenraten 150
Kofferpacken 149
König der Affen 183
Luftballonspiel 136
Madamchen fährt Eisenbahn 146
Päckchen verschicken 114
Pfandauslösen 159
Rätsel 167 ff.
Riesenpaket 203
Riesenschlange 180
Schau uns an! 150

Scherzfragen 139 ff.
Seifenblasen 259 ff.
Staffellaufen 198 ff.
Stegreiftheater 174 ff.
Stille Post 147
Tante aus Amerika 148
Tauziehen 189 ff.
Teekesselchen 164
Tellerdrehen 157
Tierpantomime 163
Tigerball 192
Verschiedene Tiere 156
Vöglein und Jäger 153
Warst du schon mal in Afrika? 155
Was ist anders? 150
Was war es denn nur 145
Wassergeist 186
Weder ja noch nein! 158
Wer ist der Dirigent? 145
Wer kann das sein? 164
Wettziehen 197
Wie soll das gehen? 166
Wir fahren nach Amerika 135
Wir fahren nach Amsterdam 151
Wortscharaden 173
Wortraten 166
Wortspiele 137 ff.
Zapfenlauf 194
Zeichen oder Zahl 158
Zielwerfen 194
Zirkusfest 219 ff.
Zwillingsfangen 186

Lieder

Auf einem Baum ein Kuckuck saß 207
Blauer Fingerhut 152
Das Karussell 225
Die goldne Kutsche 28
Die Riesenschlange 180
Dreht euch nicht um 181
Es fängt an zu tröpfeln 237
Flieg Kugel fliege 191
Goldene Brücke 110
Häschen in der Grube 30
Heim wolln wir gehen 119
Heut ist ein Fest bei den Fröschen 262
Heute regnet es draußen 239
Hoch sollst du leben 117
Jetzt fahrn wir übern See 249
Jetzt wollen wir 107
Klingelingeling die Bimmelbahn 106
Komm mein Schätzchen 26
Liebe liebe Sonne 243
Machet auf das Tor 109
Nein aber nein 128
Ringel Ringel Reihe 29
Ringlein Ringlein du musst wandern 145
Schneckenlied 108
Seid willkommen alle hier 105
Singt ein Hoch 19
Tomatensalat 133
Vöglein und Jäger 153
Wenn die Zirkusleute feiern 224
Wir fahren nach Amerika 135
Wir wolln den Kranz winden 142
Ziehharmonika 134

Rezepte

Amerikaner 66
Blätter- und Glückssymbole aus Schokolade 59
Butterkuchen 66
Butterplätzchen 64
Festlich angerichtetes Gebäck 57
Fruchtpralinen 87
Gefüllte Kipferl 68
Gugelhupf 62
Honig-Marzipan 58
Joghurt-Vanillesauce 67
Joghurtkuchen 62
Käserädchen 69
Kleine Windbeutel 70
Krokant 58
Linzertorte 64
Mandeltorte 61
Marzipan-Kartoffeln 58
Marzipan-Plätzchen 58
Marzipan-Rübchen 58
Preiselbeertorte 63
Rote Grütze 67
Rüblitorte 65
Salzgebäck 68
Salzmandeln 87
Schokoladenhäufchen 87
Schokoladentorte 61
Sternzeichentaler 79

Bastelanleitungen – Geschenke

Badesalz 89
Bemaltes Papier 95
Blättergirlande 52
Blumenkerzen 81
Blumenpotpourri 92
Blumenzwiebeln 83
Blüten- oder Blätterbilder 45
Bunte Bänder und Blüten 50
Bunte Blätter 54
Bunte Papierbänder 51
Duftei 90
Duftsäckchen 90
Einladungskarten 42 ff.
Fensterhänger 85
Festliche Karten 43
Fruchtpralinen 87
Geburtstagsbaum 80
Geburtstagskerzen 59
Geburtstagskrone aus Blättern 17
Geburtstagskrone aus Papier 16
Geschenkbänder 97
Gesprenkeltes Papier 95
Glückwunschstab 81
Herbstmännlein 55
Herz zu verschenken 97
Holzbild 86
Kaufladentüten 84
Kleisterpapier 94
Marzipanfiguren 54
Messlatte 18
Orangenpotpourri 91
Papierbatik 44
Papierblüten 51
Pflanzendruck 45
Platzzeiger 54 ff.
Potpourris 91 ff.

278

Puppenschulhefte 84
Rosen aus Seidenpapier 98
Rosenpotpourri 92
Salzmandeln 87
Schiffchen 55
Schokoladenhäufchen 87
Schwimmende Kerzen 82
Selbst gezogene Pflanzen 83
Sternzeichentaler 79
Tortenpapier 60
Tragetüten 96
Troddel 98
Tütchen aus Kaffeefiltern 95
Überraschungsstrauß 88
Wichtel 86

Geschichten und Sprüche

Adam hatte sieben Söhne 161
Aus Vaters Hosentasche 129
Auszähler 143
Bald gibt es ein Fest 34
Das trotzige Hänschen 130
Der Bäckersmann 217
Der Kuchen ist fertig 116
Die Mutter will heut backen 56
Die Regenprinzessin 244
Die Regentrude 242
Filax mit dem schwarzen Naserl 174
Hereinspaziert, meine Damen und Herren! 227
Heute sind viele Kinder da 122
Ich lade mir Gesellschaft ein 40
Ich mach nicht mehr mit! 131
Kommt wir machen jetzt einen Kreis! 179
Mein Stern 14
Münchhausen im Regen 240
Nudelsuppe, Nudelsuppe 177
Prinzessins Geburtstag 254
Viele Gäste wünsche ich heut 100
Vom Land der Wünsche 74
Was macht sie jetzt? 126
Widele, wedele 46
Wunschzettellied 72
Zum Geburtstag komm ich gern 75

Weitere Bücher von Christiane Kutik

3. Auflage · 154 Seiten,
mit zahlr. farb. Fotos, gebunden mit Schutzumschlag
ISBN 978-3-7725-2512-4

Wenn ein Kind auf die Welt kommt, überschlagen sich die Gefühle: Da ist Glück und Freude – doch bald schon gibt es Spannungen, Ärger und Not. Das Kind ist eigenwillig. In der Beziehung beginnt es zu kriseln. Die Nerven liegen blank.
Christiane Kutik zeigt konkrete Wege zu mehr Gelassenheit im Familienalltag. Auf der Grundlage von Klarheit, Selbstachtung und Verlässlichkeit können Kinder sich sicher fühlen, und es wird wieder möglich, auch die erfreulichen Seiten des Miteinanders zu pflegen.

4. Auflage · 224 Seiten,
mit zahlr. farb. Fotos, gebunden
ISBN 978-3-7725-1898-0

Ein umfangreiches Handbuch zur Erziehung von Null bis Sieben mit zahlreichen Anregungen und Hilfen, die aus eigener Praxis stammen. Durch anschauliche Beispiele wird ein direkter Bezug zum Alltag hergestellt. Ein entspanntes Miteinander entwickelt sich, wo Kinder fantasievoll, mit sanfter Hand und klaren Prinzipien geführt werden.

10. Auflage · 320 Seiten
durchgehend illustriert, gebunden
ISBN 978-3-7725-0884-4

Ein Buch für jede Jahreszeit!
Randvoll gefüllt mit Geschichten, Basteltipps, Spielideen und Rezepten regt dieses Buch nicht nur die Fantasie der Kinder an. Da wird es an keinem Tag im Jahr langweilig.

www.christiane-kutik.de   Verlag Freies Geistesleben